图说二战战役

广岛上空的“蘑菇云”

申文平 主编

吉林出版集团股份有限公司

图书在版编目（CIP）数据

广岛上空的“蘑菇云”／申文平主编．—长春：吉林出版集团股份有限公司，2019.7

ISBN 978-7-5581-6691-4

Ⅰ．①广…　Ⅱ．①申…　Ⅲ．①美国对日本广岛、长崎原子突袭（1945）—史料　Ⅳ．① E195.2

中国版本图书馆 CIP 数据核字（2019）第 090196 号

广岛上空的“蘑菇云”

主　　编　申文平
责任编辑　王　平　姚利福
策划编辑　齐　琳
封面设计　亿德隆装帧设计
开　　本　710mm × 1000mm　1/16
字　　数　220 千
印　　张　16
版　　次　2020 年 1 月第 1 版
印　　次　2020 年 1 月第 1 次印刷

出　　版　吉林出版集团股份有限公司
电　　话　总编办：010-63109269
发行部：010-81282844
印　　刷　三河市天润建兴印务有限公司

ISBN 978-7-5581-6691-4　　定价：45.00 元

目 录

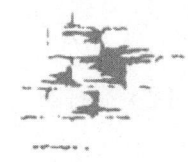

第一章
“破门之战”——冲绳岛战役

★如果日本守住冲绳岛，则可以此抵挡美军的进攻，为本土防御竖起最后一道海上屏障。因此冲绳岛登陆战被称作“破门之战”。

★尼米兹想不到一向专横的金上将竟这么痛快地接受了他的建议，高兴地表示道：“请阁下放心，‘冰山’作战一定会为美国争得荣誉！”

★太平洋战争爆发后的头三年，日军处于战略进攻阶段，整个琉球群岛上的驻军只有600余人，到1944年日军在南洋作战连连失利时，才对防御问题重视起来。

★3月26日，栗林见大势已去，遂向天皇发了诀别电：“当此弹尽粮绝、生存的全部将士拟作最后战斗之时，痛感皇恩浩荡，虽粉身碎骨，亦在所不悔。兹告永别。”

日本海上最后一个堡垒

在一次午餐会上，山本五十六说："我的个子比你们小，但你们不会要求只让我吃我盘中 3/5 的食物，你们会允许我根据我的饭量而吃的。"美国代表无言以答。

从日本往南，有大约 140 个岛屿组成了琉球群岛，长达 2045 公里，总面积约 4792 平方公里，弯弯曲曲地伸向台湾岛。在这些岛屿正中，就是冲绳岛。

琉球群岛原本不是日本国土。早在公元 1372 年，明太祖朱元璋曾派人登上琉球群岛，与琉球王国建立了藩属关系。此后，琉球一直向中国纳贡，与中国有着密切的经济、文化交流。大约过了 2 个世纪，日本国大名联盟首脑丰臣秀吉完成全国统一后，即大举向海外扩张，其中一批从九州来的日本武士劫掠了琉球群岛，但仍允许当地居民继续向中国纳贡。

1603 年，德川家康继承霸业，设立幕府政权之后，依然企图建立以日本为中心的"国际秩序"。

1610 年，幕府政治顾问林罗山在代表日本致中国皇帝的一封信函中声称，日本业已统一，"其德化所及，朝鲜入贡，琉球称臣，安南、交趾、占城、暹罗、吕宋、西洋、柬埔寨等蛮夷之君主酋长，莫不上表输贡"。虽说林罗山此言根本与现实情况不符，但反映了日本当时的扩张企图。

1868 年，日本实行明治维新，明治天皇向全国宣誓："吾国立国之宗为开拓万里波涛，布国威于四方。"

1875 年，日本国借机占领琉球群岛，强迫腐败无能的清王朝承认琉球为日本的属地。

1879年，日本正式宣布吞并这个群岛，派知事取代原来的琉球王，规定日语为官方语言。在日语中，冲乃海上之意，冲绳的含义是排列在海上的岛，像漂浮在海上的一根绳子。

★琉球群岛

琉球群岛又可分为三个群岛，从北到南依次是奄美群岛、冲绳群岛和先岛群岛，与台湾岛构成了一道新月形的岛链，成为日本本土在东海的天然屏障。其中冲绳是东方的交叉路口，与日本、中国台湾和大陆的距离几乎相等，距九州大约650公里，距台湾岛610公里，距上海稍远

冲绳岛上燃起硝烟

一些，有830公里。该岛面积1220平方公里，形状窄长歪斜，南北长约108公里，最宽处28公里，最窄处仅3公里多，中央为石川地峡，本部半岛就从此地点突出于东海。该岛2/3位于石川地峡北部，全是树木繁茂的丘陵地带。冲绳岛的中部是横穿全岛、由险峻的断崖和深不见底的溪谷组成的大峡谷，它将北方的石川地峡与南方的那霸港相接起来。冲绳岛南部是呈三角形的高地，高约150公尺，辽阔的石灰岩高地点缀其中。高地东、西两端探入大海，形成两个小半岛，东部叫知念半岛，西部叫小禄半岛。

冲绳岛的海岸线与岛上地形一样，参差不齐。北部的海岸多为险峻重叠的岩石，南部的海岸则由珊瑚岛构造。从海上远远望去，北海岸隆起，而南海岸则断崖耸立。这种参差复杂的地形条件极大地限制了登陆作战行动。可以说，冲绳岛适合大规模登陆作战的地点太少了。冲绳岛海岸最开阔的地点是东海岸的中城湾。战后，美军为纪念在冲绳作战中阵亡的巴克纳中将，将其命名为巴克纳湾。

冲绳岛道路状况很差，除了人口密集的那霸地区外，岛上其他地区的道路简直就算不上是真正的路。沿海岸线虽说有许多纵横交错的小道，却无法通车。旱季，这些道路弥漫着厚厚的沙尘；到了雨季，沙尘变成了泥淖，极难通行。由于该岛属亚热带气候，受太平洋黑潮和小笠原暖流影响，所以常年空气湿度很大。岛上雨量充沛，而且降雨没有规律，有时一天下的雨等于一个月的平均雨量。岛上多台风，从5月至11月，每月平均遭受两次台风袭击。

冲绳岛上的居民虽然是日本公民，但是继承的传统却是混杂的，风俗习惯明显受到中国文化的影响。日本第三十二军司令牛岛满的副官山城宏少校刚上岛时曾在家信中写道："这里的生活习惯及建筑物与中国毫无两样，朦胧中我还以为生活在中国的乡村。”尽管如此，冲绳岛仍有自己的文化，信奉崇拜祖先的宗教。成千上万座马蹄形的坟墓密布在岛上的断崖及丘陵旁。在这些坟墓之下长眠着冲绳岛居民的先人们，很快就要与他们的子孙一起目睹一场无比惨烈的大战了。

冲绳岛的地理位置使它成为重要的海上战略要地。倘若美军夺取该岛并将它作为进攻日本本土的军事基地，那日本就无异于绳套脖颈，将危在旦夕。相反，如果日本守住冲绳岛，则可以此抵挡美军的进攻，为本土防御竖起最后一道海上屏障。因此冲绳岛登陆战被称作“破门之战”。

美军正在发射压制火箭

“冰山”计划

美军中太平洋战区司令切斯特·尼米兹与他的将军们，在珍珠港基地一直在研究继续发动进攻的作战方案。

1945年，根据参谋长联席会议的指令，他的部队要实施占领台湾岛的“土手道”战役、占领冲绳的“冰山”战役、占领九州的“奥林匹克”战役。在这些战役完成后，预计在1946年3月实施进攻东京的“王冠”战役。

尼米兹接到总统下达的太平洋作战计划后有些为难。他的部队在塔拉瓦血战中伤亡十分严重。如果照这个伤亡率，即便攻克日本本土，付出的百余万人的生命也会使他的将星黯然失色。作为一个美国人，他太了解自己同胞的价值观了：只要不死人，什么事情都好办。

海军五星上将尼米兹将军

“将军，斯普鲁恩斯将军正在会议室等您。”尼米兹的参谋长苏克·麦克莫里斯海军少将推门说道。

尼米兹猛然想起他约几位部将开会的事情，赶忙起身整理了一下军服，来到会议室。

海军上将哈尔西

雷蒙德·斯普鲁恩斯将军，这位中途岛大海战的卓越指挥官起身向尼米兹敬礼，然后说：“阁下，您有什么吩咐？”

尼米兹坐定，与斯普鲁恩斯交换着前方的战况。过了一会儿，哈尔西、特纳、史密斯、托尔斯及其他一些高级将领陆续走了进来。

尼米兹手下有一批美国海军的英才，眼前这位斯普鲁恩斯遇事沉着镇定，办事讲求效率，被誉为“机器人”。此外还有绰号“公牛”的特遣舰队司令威廉·哈尔西海军上将，绰号“怪物”的两栖舰队司令凯里·特纳海军中将，绰号“疯子”的两栖作战司令霍兰·史密斯海军少将，绰号“黑鸟”的太平洋舰队航空兵司令约翰·托尔斯将军。这些英才跟随他征战在烟波浩淼的太平洋上，取得了一连串的胜利，为尼米兹的将星增添了光彩。

诸位将军到齐后，尼米兹操着德克萨斯口音说道：“我荣幸地向各位介绍一位朋友，这就是前阿拉斯加军区司令西蒙斯·巴克纳将军，他将与我们一起完成未来的作战任务。”

一位陆军中将闻声起立向大家致意：“我很高兴能在尼米兹将军的指挥下与诸位合作！”

除了巴克纳以外，在座的都是海军将领。为什么要调一个陆军中将来太平洋舰队呢？大家都觉得很奇怪。

尼米兹似乎看出了大家的心思，解释说：“未来的作战将要登陆日军防御严密、兵力充足的大岛，巴克纳将军率领的陆军第十军官兵，将是登陆战的主角！”

哈尔西问道：“自太平洋反攻以来，我军采取跃岛战术，减少了许多伤亡，为什么不越过台湾岛，直扑日本列岛呢？”

史密斯大声说：“总统关心的是让日本人无条件投降，而我们却要考虑伤亡情况。一个美国士兵的生命要比一个亚洲人有价值得多。”

特纳接着问道：“听说参谋长联席会议最近提出一个三期作战目标，如果将军不介意的话，请向我们介绍一下，如何？”

尼米兹点点头，对他的作战处长福雷斯特·谢尔曼海军少将说：“你向大家通报一下情况吧！”

★谢尔曼的通报

矮胖墩实的谢尔曼随同尼米兹刚参加完美国海军作战部长欧内斯特·金海军上将在旧金山召开的作战会议，他从文件包里抽出几张文件，对大家说道：“参谋长联席会议对1945年太平洋战场总的战略意图是：强化海空封锁，摧毁日本空军和海军的作战能力，削弱他们的抵抗能力，然后再占领日本本土中心部，迫使其无条件投降。为此制定了三期作战目标：第一期，从1945年4月1日始至6月30日止，作战目标是占领小笠原群岛、琉球群岛，为进攻中国大陆建立海空基地；第二期，从1945年6月30日始自9月30日止，作战目标是实施‘土手道’计划，登上台湾岛，夺取进攻中国大陆的桥头堡；第三期，从1945年10月1日始至12月31日止，作战目标是在九州南部和关东平原登陆。”

海军上将斯普鲁恩斯将军

谢尔曼通报完毕，尼米兹笑着对各位将军说道：“今天请诸位到此，就是研究一下我们的具体作战计划。”

性格豪爽、生就一副美男子面庞的托尔斯，祖上是斯堪的纳维亚半岛的移民，他首先说道：“除进攻日本本土外，台湾岛是最大的作战目标，敌人在该岛屯兵数十万，作战纵深极大，而且我们不能忽视一个事实，这就是日本人占领该岛已有半个世纪，岛上肯定有很完善的防御体系。因此，贸然攻占此岛，伤亡势必很大，我们付不起这个代价。”

斯普鲁恩斯接着说道：“即便有力量登陆台湾岛，但是否有这种必要呢？攻占台湾岛的唯一目的是为进攻中国大陆做准备。可是，中国人似乎并不需要这个！蒋介石的军队自中日战争爆发就保全实力，步步退让；毛泽东的军队虽然抗战坚决，却势单力孤，还要时时防备蒋介石，只能在日本人背后打游击战。难道我们美国人比他们还急吗？蒋介石倒希望我们攻占中国大陆，这样会限制延安政权的发展。可是蒋介石政权贪污腐败，中饱私囊，专制独裁，难道美国人付出生命就是为了让这样一个政权继续统治中国吗？”说到这里他停顿了一下，看了尼米兹一眼，接着说道，“我认为应放弃登陆台湾岛的作战企图，直接进攻日本本土，这样做也符合我们的跃岛战术原则。”

斯普鲁恩斯的发言引起大家的一阵议论，将军们都认为蒋介石过于腐败无能，美军不必为他火中取栗。

第一次参加太平洋舰队作战会议的巴克纳从未到过东方，对蒋介石政权不了解，谈不出什么。他只是从作战角度考虑，认为登陆台湾岛困难很大：“台湾岛是个大岛，有 3 万多平方公里的面积，作战纵深大，如果要在那里登陆，需要数十万兵力和源源不断的作战补给。这不是一支海军舰队所能担负的任务，所以我建议放弃‘土手道’作战计划，直接北上登陆日本诸岛。”

陆军上将马歇尔将军

尼米兹静静听着诸位将领的发言。从心里讲，他很赞同他们的意见，无论从必要性还是可能性上讲，实施“土手道”作战计划都是下策。听完大家的议论，他心中更有底了，他要力劝华盛顿修改作战计划，直接进攻日本诸岛。

想到这里，他对各位将军说道：“我很尊重诸位的意见，我将向金上将再次详细阐述我们的观点，届时再约诸位相商，散会！”

当天夜里，尼米兹就带着参谋长和作战处长飞回旧金山，面见海军作战部长，直陈放弃“土手道”作战计划的意见。

金上将是美军参谋长联席会议的成员，他知道总统的战略意图是让日本无条件投降，至于怎么打，并不过多干预。所以，金并不反对尼米兹的意见，只是问道：“如果你们不进攻台湾岛，预选的作战目标将是哪里？”

“硫磺岛和冲绳岛，这两个岛距离日本本土很近，如果攻破，可直捣东京敌人的老巢。”尼米兹回答。

金上将想起马歇尔向他讲起的开罗会议的情况。罗斯福总统在蒋介石跟前夸下海口，一定会占领冲绳岛。因此，能否占领冲绳岛关系到美国的荣誉。于是，他坚定地回答道：“我支持您的意见，放弃进攻台湾岛的企图，集中优势兵力、兵器登陆冲绳岛，一定要把我们的星条旗插在那里！”

尼米兹想不到一向专横的金上将竟这么痛快地接受了他的建议，高兴地表示道：“请阁下放心，‘冰山’作战一定会为美国争得荣誉！”

日第三十二军进驻冲绳岛

太平洋战争爆发后的头三年，日军处于战略进攻阶段，整个琉球群岛上的驻军只有600余人，到1944年日军在南洋作战连连失利时，才对防御问题重视起来。当时任日本首相兼参谋总长的陆军大将东条英机向天皇启奏：“时局吃紧，应加强帝国西南地域的防卫及确保南方作战地域的交通线。”裕仁天皇听后大惊，立即准奏，东条英机随即将第三十二军派驻冲绳岛。

第三十二军刚刚组建，下辖第九、二十四、六十二师团和第四十四独立混成旅团，司令官为渡边正夫中将。这些部队都是从中国东北和日本本

日本陆军大将牛岛满

土调来的。不料，第九师团刚登上冲绳岛，东条英机听说美军欲进攻台湾岛，担心那里兵力薄弱，又将这个师调往台湾岛。渡边正夫十分恼火，几次上书恳请留下这支精锐强悍的部队，都被东条英机拒绝。第九师团是日本陆军组建最早的师团，战斗力很强。日俄战争期间，该师团隶属于日本"军神"乃木希典的第三军。在旅顺要塞争夺战中，该师团相继炸毁俄军坚固的东北防线上的东鸡冠山北堡垒和二龙山堡垒，最先冲入要塞核心阵地，从此声威大震。渡边本想以该师团为冲绳岛防御的核心，没承想又让东条英机调走了。气急败坏的渡边一下子病倒，不能理事。日军战时大本营遂将陆军士官学校校长陆军中将牛岛满调到冲绳岛，接任第三十二军司令官一职。

牛岛满是日本军中一员悍将，且门生众多，许多陆军军官都出自他的门下。此人身材高大，膂力过人，擅长剑术，幼时曾只身手刃两名成人强盗，因而威震乡里。他在陆军中以诚实赢得部下的信赖和忠诚。牛岛满上任时，东条英机已因塞班岛失守引起朝野不满而被迫下台。新任首相小矶国昭和参谋总长梅津美治郎深知冲绳岛的重要，特召牛岛满进京谈话。

小矶国昭原为朝鲜总督，与牛岛满关系不密，只知其名而不识其人。当牛岛满的顶头上司、第十方面军司令官安藤利吉大将引牛岛满进来后，小矶国昭点头示意让座，但并不讲话。

牛岛满与梅津美治郎颇熟，坐定后他问道：“大战当前，阁下有何明示，卑职恭听训示。”

梅津美治郎莞尔一笑说道：“小矶国昭首相久闻你的大名，特请将军一叙，不必拘谨。”

牛岛满恭敬地说：“不敢，卑职不才，倘能以血肉之躯上报天皇陛下之洪恩，下达帝国国民之期望，平生之愿足矣。”

小矶国昭听牛岛满谈吐谦恭，顿生好感，遂问：“冲绳岛乃帝国之门户，此番将军临危受命，不知何以御敌？”

牛岛满回答道：“卑职将实行持久作战，放敌上岛，在岛的南部集中兵力与敌周旋。”

安腾利吉听后大惊：“这可同大本营在海岸地带决战方针大相径庭

日本四十一届首相、陆军大将小矶国昭

啊！”安腾利吉身为方面军司令官，却不知牛岛满更改了原来的作战方针，不由得感到惊异。小矶国昭与梅津美治郎亦觉不安。

牛岛满从容对答道：“只因守岛兵力太少，难以在海岸进行决战。目前，我军的第二十四师团和第六十二师团虽说齐装满员，但有一半是新兵，作战能力较差。第四十四独立混成旅团的5000余官兵在航渡中遭鱼雷攻击，伤亡近4000人，虽说后来空运了第十五独立混成联队编入该旅团，但仍缺编。此外，我们仅有的一个坦克联队尚缺一个中队，难以在海岸与敌决战，故而只能采取持久战方针。”

梅津美治郎问道：“你的部队集中到南部，一旦战斗打响，北部和中部怎么办？应该知道那里有两个机场啊！”

牛岛满答道，“只能放弃！”

“什么？放弃？”安腾利吉叫了起来，大声说道，“如果放弃这两个机场，岂不影响大本营制订的‘天号’航空作战计划？”

原来，日本战时大本营根据局势发展，刚刚正式制定了一个《东中国海周围的航空作战指导要领》，即“天号”航空作战计划。该要领的基本方针是：统一使用陆海军的航空战斗力，以此歼灭预计将进攻东中国海之敌，同时加强本土的直接防御态势。为此，东中国海地区的航空兵力应迅速在该地区展开，以便消灭敌军进攻兵力。陆海军航空部队的主要攻击目标分别是：海军进攻敌之机动部队，陆军进攻敌之运输船队。冲绳岛上的两个机场是日军此次作战的重要航空基地。

“此作战方针乃不得已而为之，请诸位长官谅解。”牛岛满仍坚持己见，“我的任务只有一个：不让帝国本土的最后一个堡垒沦于敌手，我将同冲绳岛共存亡。至于其他，实在无能为力。”

小矶国昭十分同情牛岛满，认为他的意见不无道理，遂问道：“倘若依将军之见，第三十二军的防御部署不就要重新调整了吗？”

“是这样的！”牛岛满答道，“这意味着我们要放弃渡边将军经过半年之久忙忙碌碌构筑起来作为决死之处的各个阵地，重新构筑新的阵地。虽然为改变大量军需品的集聚地点和得到构筑新阵地所需器材是困难的，但也只好如此。”

小矶国昭又问：“敌人进攻之日不远，重新调整部署来得及吗？”

牛岛满坚定地回答：“卑职将尽力而为！”

梅津美治郎还是不满，坚持说道：“不论怎么说，你不应擅改原定作战方针，因为此方针是大本营制定的，如果要变动，也应由大本营做出。”

牛岛满淡淡一笑道：“如果长官一定要求在海岸决战，我将辞职，因为卑职实在难胜此任。”

双方争执不下，气氛弄得很僵。冲绳岛作战还未开始，一层阴影就已笼罩在日军将领头上。战后，日本人在叙述这段事情时曾评论道：“战时大本营抽调第九师团到台湾岛北部的新竹地区以加强那里的防御力量，但这个决策引起的后果却是陆海军首脑们始料不及的。第三十二军的两任司令官均表示严重不满。牛岛满中将为应付第九师团调走带来的防御真空所采取的消极防御作战方针，使冲绳岛的地面防御极不完备，真是灾难性的不幸。而这种不幸的祸根就是大本营抽调第九师团的轻率行动。”

梅津美治郎见状，心中十分恼怒。以辞职之举坚持自己的意见，这是陆军中罕见的事情。日本陆军自近代建军时起，就坚持走一条“体用之学”的道路，即按照西方军事理论训练军队，却摒弃西方的民主思想，而用武士道精神作为统一军队的指导思想。尊皇、武国、征战、尽忠是日本军人追求的最终目的，杀身成仁、绝对服从是日本军人必须恪守的准则。就是凭着这种治军原则，才使日本军队在后来半个多世纪的侵略战争中，表现出极大的野蛮性、疯狂性、顽固性和勇猛性。牛岛满这种要挟态度在平时是绝对不能允许的。但此时战火已被日本人引到了自家门口，数年战争已使日军损失了许多将才，军中良将已寥寥无几。所以，尽管梅津美治郎不满，却不敢依军纪撤换牛岛满，只得强压火气说道："冲绳岛安危全赖将军，望小心在意，依情况而战吧。"

牛岛满心中舒了一口气。他也知以辞职要挟的后果，但敌兵强大，防御艰难，只得如此。他见梅津美治郎等人未予追究，便说道："卑职一定恪尽职守，人在岛在，坚守帝国大门！"

★小矶国昭的信心

小矶国昭虽觉牛岛满以辞职要挟做得过分，但与梅津美治郎一样，亦无可奈何。他想起中国的一句话"蜀中无大将，廖化充先锋"，心中不禁大为惆怅。良将如云的日军落得如此局面，实在令他难堪。冲绳岛防御非牛岛满莫属，撤换他未必是上策，只得放手让牛岛满去战。故而小矶国昭问道："现在岛上有多少兵力？"

"10 万余人，"牛岛满回答，"除正规军外，还有大田海军少将指挥的 1 万名海军官兵，2 万名由冲绳岛居民武装起来的民间防卫队，1700 名铁血勤皇队。"

"铁血勤皇队？"小矶国昭有些不解。

"这是由 14 岁以上热情高涨的男性高中生志愿编成

日本陆军大将栗林忠道

的义勇队，装备和训练全由陆军负责。敌人上岛后，他们将深入敌后开展游击战。”牛岛满解释道。

牛岛满上任伊始就把冲绳岛上的男性青少年作为战争人力资源利用起来。他让部属挨家挨户登记 14 岁以上男性青少年，发给他们武器，编成了一支义勇队。由于建立这支队伍的宗旨是用武器与鲜血保卫天皇，因而取名“铁血勤皇队”，队长就是他的副官山城宏。铁血勤皇队经过训练后，将被送到敌后开展游击战。

小矶国昭满意地点点头，又问：“官兵的士气如何？”

“十分高涨。”牛岛满回答说，“我们的口号是：‘一人换十人’、‘一人换一战车’、‘一机换一舰’、‘一艇换一船’！”

“太好了！”小矶国昭十分兴奋，忘掉了方才不愉快的争论，继续问道，“岛上有多少重武器装备？”

牛岛满报告道：“2990 架飞机，其中有 1230 架自杀飞机；70 毫米口径以上火炮 287 门；81 毫米和 320 毫米口径迫击炮 120 门；防坦克炮 52 门，轻中型坦克 27 辆；轻重机枪 1500 余挺。”

小矶国昭又问：“将军可否谈谈持久作战的具体想法？”

牛岛满答道：“在美军登陆前，集中兵力于冲绳岛南部，以首里为中心形成坚固的筑垒阵地。主阵地选择在那霸、首里与那原一线。如美军在该线以北海滩登陆，则不予抵抗，以待其来攻。如美军在该线以南海滩上陆，则进行坚决的抵抗，但决战的场地仍为首里附近地域。在岛中部的羽具岐地域配置一个由当地土著部队编成的特编团，准备在美军由该海滩登陆时实施迟滞作战，并破坏读谷和嘉手纳两地的飞机场。至于岛北部，只配备一个独立步兵营，以便在必要时破坏伊江岛上的飞机场。”

小矶国昭听后，觉得可行，遂向梅津美治郎、安藤征询意见。

梅津美治郎已在方才表明了态度，没什么意见。只有安藤仍反对，但他见两位长官认可了持久作战方针，也不便再说什么。

牛岛满见说服了众长官，心里很高兴，他说：“卑职即刻回岛，现在硫磺岛战事炽烈，我将派员去那里了解情况，总结抗登陆作战的经验教训，加强防御，誓死保卫帝国本土的最后一个堡垒——冲绳岛！”

然而，牛岛满打探到的却是硫磺岛的陷落和守岛司令官栗林忠道中将的“玉碎”。

硫磺岛的陷落

正当牛岛满与首相、参谋总长在东京讨论冲绳岛防务问题时，位于东京以南 1200 余公里的硫磺岛正进行着一场大战。

硫磺岛是一个没有完全冷却的火山岛，位于该岛南端的折钵山的火山口喷出的雾气和硫磺弥漫全岛。岛的中部是一片低洼地，低洼地以北地形又逐渐隆起，其中有几个孤峰，海拔约 120 公尺。折钵山山脚下有海滩向北和向东延伸，两海滩各长约 3.2 公里，其余海岸线多为悬崖峭壁。岛的大部分地区都被很厚的棕色的火山灰烬和黑色的火山岩烬所覆盖。这些灰烬看起来像沙，但比沙轻得多，人在上面很难行走，即使是轮带车辆和履带车辆也得铺上垫板才能通过。岛上缺少淡水，仅有的几处地下水源流出的水有一股浓烈的硫磺味。即使是这种能喝而不好喝的水也要配给。一次，日本海军联合舰队第一航母舰队司令官大西沈治郎海军中将上岛视察，守岛最高司令官、第一〇九师团师团长栗林忠道一边为其端过一杯有硫磺味的苦水，一边解嘲说：“非常抱歉，这里连水都有股火药味。即便如此，我一天才仅能分得一杯。”由此可见岛上缺水的程度。

1944 年 9 月，日军开始加强硫磺岛的防御（这和冲绳岛一样），派栗林率他的第一〇九师团、第二独立混成旅团和加强第一四五步兵联队共 2.3 万人担任该岛的主要防御任务。另外还有海军陆战队约 7000 人、飞机 30 架也归他指挥。

★栗林忠道的作战计划

栗林忠道是日本陆军中有名的防御战专家，面对掌握绝对海空优势的美军，他认为“歼敌于滩头”的抗登陆作战原则已无力实现。由于敌人猛烈的舰炮和航空火力的突击，滩头阵地将遭到严重的破坏，并将损失 50％的兵力兵器，使持久作战能力大为降低。因此，他主张采取坚固的纵深防御，在纵深内构筑支撑点式的主要抵抗阵地；允许敌人登陆，在滩头暂不进行还击；抓住敌人上陆并集结于岸边纵深 400 公尺内的时机，集中炮兵和各种火器实施突然的反击。

但是，栗林忠道的作战方针却遭到海军的反对。硫磺岛是小笠原群岛的一个主岛，防务由直属战时大本营的小笠原兵团负责，而战时大本营由陆海军共同组成，所以在硫磺岛有一海军顾问，名叫市丸利之助。虽然市丸仅是一名海军少将，但他代表海军，所以栗林不能不考虑他的意见。最后栗林采取了一个折中的方案，即以纵深防御为主，滩头防御为辅的抗登陆作战方针。

根据这个方案，南部以折钵山为核心构成南部之主阵地；中部以元山等为中心构成硫磺岛的主要防御地带；东西滩头防御阵地是一些永备发射点和支撑点。别看火山灰烬不利于行走，但却是良好的建筑材料。火山灰与水泥搅在一起就成了比较坚固的混凝土。栗林忠道命令部队就地取材，把岛上的工事构筑成半永久或永久性工事。有些主要工事和大型坑道掩蔽

笼罩在浓烟中的硫磺岛

部以及天然岩洞都有地下网道相连，并有良好的通信照明设备。美军登陆前夕，岛上已是洞穴星罗棋布，坑道纵横交错。

1945年2月19日，曾在中途岛、吉尔伯特、马绍尔和马里亚纳登陆战役中大显身手的美军第五舰队司令斯普鲁恩斯指挥22万名官兵，在800余艘舰艇、2000架飞机的支援下，浩浩荡荡地向硫磺岛杀来。他从海上遥望到岛上一山头横写着一幅巨大的标语：决死一战！不禁轻蔑地一笑：“既然你们要决死，我就成全你们吧，让硫磺岛变成一座活地狱！”

6时40分，美舰编队开始进行登陆前的直接火力准备。舰载飞机同时用火箭、炸弹和凝固汽油弹实施了航空火力准备。主要突击目标是登陆滩头、机场和折钵山的防御阵地。直接火力准备持续到9时，共发射炮弹3.85万发。

这时，美军登陆第一梯队陆军第四师、第五师按预定计划在舰炮火力准备的掩护下，顺利进入各自阵位。7时30分，控制组在离岸3600米处建立起出发线，车辆登陆舰在离岸5000米处展开，放下道板，把载满军队的履带登陆车卸下。第一批登陆是由68辆水陆坦克组成，于8时30分离开出发线，9时到达滩岸，其后23分钟内，后续各登陆部队完成登陆。

栗林忠道正在隐蔽部与市丸共商守岛大计，忽听有如排山倒海般的炮声呼啸而来，意识到敌人开始准备登陆了，急忙命令各部：“放敌上岸，待敌向纵深推进500公尺时再开火。任何人必须抵抗到底，阵地就是自己的坟墓，要以战死之前杀敌10人为己任！”

首批登陆的8个营美军未遇抵抗，以为敌滩头阵地已被炮火摧毁，便放心大胆地前进。陆战队第五师立即分兵进攻折钵山和另一机场；陆战第四师一部向一号机场进攻，另一部沿海岸向北发展。诡诈的栗林忠道见时机已到，下令在地下坑道规避炮火的日军官兵出击，只见日军犹如大螃蟹似的从地底下钻出来，进入精心构筑的永备火力点和暗堡，进行猛烈狙击，打得美军人仰马翻，伤亡严重。

幸而美军每个登陆营都有数艘炮舰担任掩护，岸上舰炮火力控制组随时引导炮火进行有效压制射击。战列舰“内华达”号甚至用穿甲弹将一个隐蔽的混凝土地堡直接摧毁。美军的两栖坦克也不停地喷吐火舌，将敌明

战壕里的美军士兵

美军“内华达”号战列舰

碉暗堡一一击毁，掩护步兵逐米向前推进。当日日终时，美军约有 3 万人登陆，伤亡 2420 人。

夜间美军又对岛上敌阵地实施了强大的火力突击，至次日上午，基本摧毁了敌海岸地带的全部工事。登陆部队乘机向岛内挺进，到 22 日傍晚，美军已到达南部码头、元山机场北侧、千鸟部落一线，深入岛内达 2 公里并建立了桥头堡。

从 2 月 23 日至 3 月 3 日，日美两军在硫磺岛主阵地一带进行了寸土必争的殊死攻防战。美军登陆部队在包围孤岛的美国舰队和早已同时使用陆上基地的美军航空兵的支援下，以其优势的炮兵、坦克，像碾滚一样来回反复进攻。这种如同翻耕土地似的破坏，把日军阵地炸得荡然无存。至 3 月 2 日日终，日军大部分炮火和坦克均被摧毁，指挥官死伤达 65%，兵员只剩下 3500 人，已经很难进行有组织的战斗了。

3 月 5 日，栗林忠道将残存兵力的主力集结于北面的第二道防线，进行最后抵抗。此时，日军已近水断粮绝。3 月 13 日，美军向日军发起总攻，栗林下令烧毁军旗，决死一战。3 月 17 日，美军冲上阵地，插上星条旗。3 月 26 日，栗林见大势已去，遂向天皇拍发了诀别电："当此弹尽粮绝、生存的全部将士拟作最后战斗之时，痛感皇恩浩荡，虽粉身碎骨，亦在所不悔。兹告永别。"

当日，美军终以伤亡 2.1 万人的代价占领了硫磺岛，击毙日军 2.3 万人，俘虏 1000 人。

牛岛满闻知硫磺岛陷落，栗林忠道以下 2 万多名官兵全部战死的消息，心中异常悲伤，默默无语。他站在那霸港，眺望一望无际的大海：眼前的海，温柔恬静，展现在阳光下的是无边的碧波。他知道，这是风暴前的宁静，一场恶战即将爆发！

硫磺岛上的滚滚浓烟

“海鹰”观测机

1	
2	3
4	

1. 日军“紫电”式战斗机
2. 被夷为平地的东京市区
3. 被遗弃在机场上的日本陆军的轰炸机
4. 艰难地攻克硫磺岛后，美军官兵向高高飘扬的旗帜敬礼

第二章

火攻东京

★许多年以后，李梅回忆道：“杀日本人并没有使我感到不安，使我感到不安的是战争的结束。所以我并不在乎到底有多少人在我们的行动中被杀。”这就是李梅——他以自己的冷漠无情而自豪。

★李梅说：“这次低空轰炸是一次奇袭作战，不会遇到敌战斗机的拦截。反之，如果我们把那些机枪留在飞机上，却可能在黑夜里把自己打下来。执行命令吧，巴瓦将军，我把一切希望都寄托在这次作战上了！”

★霎时间，整个东京都烧着了。一座巨大的东方都市，无数建筑物、道路、桥梁、庙宇、仓库都暴露在橘黄色的火焰光背影上。庞大的机群在地面火海的映照下，疯狂地俯冲、轰炸、爬升，此起彼伏，犹如脱僵的野马，那场面真是壮观至极。

★日本的战争潜力遭到了沉重打击，经济几近崩溃，毫不夸张地说，以李梅火攻为代表的美军战略轰炸，直接动摇了日本维持战争的根本基础。

柯蒂斯·李梅将军

1906 年 11 月 15 日，在俄亥俄州哥伦布一名普通工人的家里，柯蒂斯·李梅出生了。他自小勤奋好学，自哥伦比亚公立学校毕业后，便考入俄亥俄州州立大学，并获得了土木工程学士学位。由于不是名门之后，也不能获得有影响的政治家的支持，他没有进过西点军校，于 1928 年参军，成为一名飞行学员。

1929 年 10 月，李梅在德克萨斯州的凯利基地完成飞行训练后，成为美国陆军航空兵后备役部队的少尉飞行员，并于 1930 年 2 月 1 日转为现役军人。最初，李梅服役于驻守在塞尔弗里奇机场的第二十七驱逐机中队，曾在数次战斗行动中执行过多种任务。1937 年，他被调到第二轰炸机大队，开始转飞轰炸机。

1938 年，美军的 B-17“飞行堡垒”式轰炸机向南美进行了第一次大规模转场飞行，李梅在此次行动中的表现极为出色。到美国参加第二次世界大战前，他还开拓了从南大西洋到非洲和从北大西洋到英国的空中航线。

1941 年时，他的军衔还只是少校。但 1944 年，他 37 岁时就晋升为少将，成为美国陆军中最年轻的少将。是什么使他官运亨通呢？是什么使他从一名 B-17 轰炸机的飞行员，一步步攀升为将军呢？是他的出身吗？不是。他并不是西点军校的毕业生，他只是俄亥俄州州立大学的毕业生，一名后备役军官训练大队的学员。是他超凡的个人魅力吗？也不是。他待人冷若冰霜，很不容易接近。在同飞行员们一起吃饭时，他向来不说一句话。

美国陆军航空兵司令亨利·哈里·阿诺德将军

李梅极迅速晋升的原因是：他是将作战飞机变成杀人机器的天才。在同伴们闲聊取乐时，他的脑海里却在想着硝烟弥漫的战场，考虑着眼前的危险，分析着行动的步骤，估量着面临的挑战。李梅渴望战死疆场。每次执行轰炸任务时，他都要亲自带队。每当飞机起飞时，他的胃就会像被刀割似的痛。但他总是用力咬着雪茄，尽量装出生气而不是疼痛的样子。最后，他的上司不得不命令他停飞，因为他对于美军来说太重要了，不能以身涉险。李梅最害怕的不是死亡而是失败。因此，他无情地训练着他的飞行员们，对他们的飞行要求极为严格。

1942 年，李梅将军亲自组建并训练了第三〇五轰炸机大队，并率领它来到欧洲战区作战。当时，盟国空军在对欧洲大陆进行突袭时，轰炸机群总是过早地采取规避防空火力网的战术动作，因而很少击中目标。也就是说，他们常常徒劳地往返于英国和欧洲大陆之间。到达英国后不久，李梅就找来一本炮兵手册认真地读起来。经过潜心研究和概率计算，李梅对轰炸机的编队形式和轰炸技术进行了一次大胆的革新。

1945 年初，在美国空军参谋长阿诺德将军的安排下，李梅将军开始负责用 B–29 轰炸机对日本本土进行轰炸。李梅将军从军生涯中最辉煌的时刻由此开始，他策划的“火攻日本”行动对日本的战争能力造成毁灭性破坏，加速了日本的投降。

战争结束时，李梅将军曾亲自驾驶一架 B–29“超级堡垒”轰炸机飞回美国。这次飞行的航程是从日本的北海道到伊利诺伊州的芝加哥，途中未停留，由此创造了一个世界纪录。

二战后，他被调往关岛，指挥那里的第二十一轰炸机联队，直至最后升任太平洋战区战略空军的参谋长。

1947 年 6 月发生了苏联封锁西柏林事件，李梅将军指挥美国空军在欧洲的力量组织了规模浩大的柏林空运，成为柏林空运框架的开创者。

1957 年 7 月，李梅将军被任命为美国空军副参谋长。1961 年 7 月，他被任命为美国空军总参谋长。

美军一中尉作进攻前的动员

★李梅将军

李梅将军是美国战略轰炸思想的服膺与实践者之一。著有《美国空军史》《战略空军指挥部》《波音》《洛克希德》等书。

作为一位长期服务于美国空军的将军，李梅将军在一生中荣获了众多别人无法比拟的荣誉勋章及奖章，他被授予他的国家所能赠予的每个褒奖，还接受了许多其他国家的荣誉勋章。许多年以后，李梅回忆道："杀日本人并没有使我感到不安。使我感到不安的是战争的结束。所以我并不在乎到底有多少人在我们的行动中被杀。"这就是被称为"冷战之鹰"的柯蒂斯·李梅将军——他以自己的冷漠无情而自豪。

这简直是一场赌博！

自 1942 年 4 月杜利特尔轰炸东京之后，美军由于陆军航空队没有航程能够到达日本本土的轰炸机，而海军航母编队受实力和战局的限制也无法逼近日本本土实施空袭，所以在将近两年多的时间里都没有条件组织对日本本土的大规模战略空袭。

其实，早在 1939 年 11 月 10 日，美国陆军航空队司令阿诺德将军就已经向国会提出申请，请求国会授权陆军航空队与一家大型飞机制造公司签约研制超远程轰炸机，以使陆军航空队具备在未来可能爆发的战争中将战火直接烧向敌国本土的能力。同年 12 月 2 日，该请求被美国国会批准。1940 年 1 月，"超级轰炸机"的研制工作正式启动。在经过了近乎残酷的激烈竞争后，波音公司最终击败了洛克希德、道格拉斯等对手，赢得了这笔数额巨大的军购合同。1943 年年底，波音公司的 B–29"超级堡垒"轰

在 B-29 型轰炸机机翼下方的富士山

炸机正式进入陆军航空队服役，这种飞机采用全金属全封闭结构，机头是由多块曲面玻璃组成的半球状透明舱室，高升阻比的大展弦梯形上反中单翼，乘员 14 人，均配有氧气面罩，机长 30 米，翼展 43 米，机高 8.5 米，装有四台 R3350 带有高空涡轮增压器的空冷活塞发动机，单台最大功率 2200 马力，最大起飞重量 63.6 吨，最大载弹量 10 吨，最高时速 576 千米，转场航程 9650 千米，升限 10.67 千米，武备共有 5 个自动炮塔，在机尾、机身左右侧和后舱的 4 个炮塔安装双管 12.7 毫米口径机枪，机身前方的炮塔安装了两门 20 毫米口径机炮，加上火控雷达准确指引，构成严密的自卫火力。B-29 的服役，使美军终于拥有了航程能够到达日本本土的重轰炸机。

★美国 B-29 型轰炸机

在当时而言，B-29 无论航程、载弹量，还是自卫火力，都是二战时期其他轰炸机所望尘莫及的，堪称轰炸机之王。1943 年 6 月，B-29 刚刚研制成功，美军就迫不及待地组建了第五十八轰炸机联队进行适应性训练。在拥有了 B-29 这样对日本本土轰炸最理想的利器后，美军正式把对日本本土的战略轰炸行动提上日程，开始将大批具有丰富作战经验的飞行员从欧洲抽调到太平洋战场。1943 年 11 月，在德黑兰同盟国首脑会议上，英美联合参谋长联席会议批准在印度加尔各答和中国成都部署 B-29，用以空袭日本本土。

1943 年 11 月，在美国堪萨斯州组建了第二十轰炸机部队，1944 年 3 月，又组建了第二十一轰炸机部队，1944 年 4 月，在第二十一、二十二轰炸机部队的基础上成立了第二十航空队，由陆军航空队司令阿诺德上将亲自兼任司令，该航空队负责对日本本土战略轰炸。

1944 年 4 月，第二十轰炸机部队的第一批 B-29 由肯尼思·沃尔夫准将率领进驻印度加尔各答，美军随即开始进行紧张的战前训练。

1944 年 6 月 5 日，98 架 B-29 轰炸机从加尔各答起飞，前去轰炸日军占领下的泰国曼谷，作为首次实战检验。起飞时有 1 架坠毁，中途有 14 架因故障返回，返航途中又有 4 架坠毁，还有 42 架迷航，轰炸效果也不显著，可以说并不成功，但是美军获得了宝贵的实战经验，并从中总结教训，为以后的作战创造了有利条件。

6 月 15 日，美军实施代号为“马特霍恩”的首次空袭日本行动，92 架 B-29 轰炸机从加尔各答起飞，沿驼峰航线飞越喜马拉雅山脉，有 79 架抵达中国成都，中国军民以极其简陋的设备将成都双流机场扩建成可供

滩头的美军物资及车辆

B-29起降的大型机场，并竭尽全力为美军飞行员安排了在当时条件下最好的食宿，为美军对日本本土的空袭提供后勤保障。

当晚，B-29轰炸机群在成都加油挂弹后起飞，其中1架在起飞时坠毁,4架因故障返航，共68架向日本飞去。午夜时分,B-29机群到达日本，对钢产量占日本钢铁总产量24%的八幡钢铁厂进行了轰炸。

7月8日，B-29轰炸机群又轰炸了佐世保军港。至1945年1月，B-29轰炸机群从加尔各答起飞再到中国成都加油挂弹，或直接由成都起飞，对日本的九州、本州西部、冲绳和中国台湾、鞍山、沈阳等地的钢铁厂、飞机制造厂、炼油厂、交通枢纽和港口进行了轰炸，由于从成都起飞的B-29轰炸机群只能到达日本西南部，无法轰炸东京、大阪等日本大城市，所以美军对日本本土只进行了10次空袭，投弹仅800吨，难以扩大轰炸效果，而且 B-29 轰炸机群每次出动所需的燃料、弹药和零配件都需要 C-46 和 C-47 运输机经驼峰航线运到成都，代价十分巨大，有些得不偿失。解决这一困局的方法只有一个——在太平洋上夺取若干岛屿，缩短对日轰炸距离，将日本大城市和工业中心纳入 B-29 轰炸机群的作战半径。

1944 年 8 月，美军以死 5200 余人、伤 2 万余人的巨大代价攻占马里亚纳群岛，为 B-29 夺取了第一个轰炸日本本土的前进基地。

10 月，埃米特·奥唐奈准将指挥的第七十三轰炸机联队进驻马里亚纳群岛的塞班岛，并立即展开了战前训练，不断对特鲁克和硫磺岛进行空袭，从中积累作战经验。

11 月 24 日，奥唐奈准将亲率 111 架 B-29 从塞班岛起飞，轰炸日本最大的飞机发动机制造厂——东京郊外的中岛飞机制造厂。这是自杜利特尔轰炸东京以来美军首次轰炸东京，具有非常重大的意义。

美军 C-47 运输机

不料天公不作美，东京上空阴云密布，难以实施目视轰炸，奥唐奈当机立断命令装备轰炸瞄准雷达的52架B–29轰炸中岛工厂，其余飞机则轰炸东京的其他军事工厂。日军紧急起飞了100余架“零”式战斗机，但“零”式战斗机无法到达B–29的飞行高度，只能进行仰射，加上B–29自卫火力密集，只取得了击落2架、击伤11架的战绩。美机损失虽少，但由于天气影响，只有30余架找到了目标，对中岛工厂的轰炸效果也很不理想。

12月，美国参谋长联席会议根据战局的发展制订了在日本本土登陆的计划，为了摧毁日军抵抗的物质基础和意志，决定加紧对日本的轰炸和海空封锁。根据这一指示，美军不断增加参与对日轰炸的飞机数量，轰炸的频率也大大增加，轰炸的城市也扩大到大阪、神户、横滨和名古屋。但根据航空侦察照片判读，轰炸效果并不显著。

而B–29这种飞机造价昂贵，仅第二十一轰炸队的334架B–29型轰炸机就价值4亿美元。有鉴于此，奉行实用主义价值观的美国人十分关心B–29型轰炸机的使用价值。当他们得知这种飞机在汉西尔手里发挥的作用与其价值不等后顿时哗然，纷纷责备陆军航空兵把纳税人的钱扔进了太平洋。阿诺德正是在这种情况下才起用了“火鸟”李梅。

自美军参谋长联席会议决定攻占硫磺岛和冲绳岛后，马歇尔将军一直担心美军会因登陆时遭到顽强抵抗而增加伤亡。怎么办呢？如果先对预定登陆地点实施空中轰炸，虽可摧毁敌人部分兵力兵器，但也会暴露企图，增加登陆的困难，因为不管怎么说，进行最后战斗的是地面部队。最好的手段就是在心理上强烈震撼敌国军民，并打击对方的后方工业基地。

这个想法一跃入脑海，马歇尔立刻把陆军航空兵司令亨利·阿诺德上将找来，商讨用战略航空兵轰炸日本本土的办法。

阿诺德是西点军校毕业生，也是参谋长联席会议成员之一。他为人冷漠，但处事机敏，决策果敢。听完马歇尔的建议，他想了一会儿说道：“我想还是让‘火鸟’给那个罪恶的‘神国’带去惩罚之火为好。”

阿诺德说的这个“火鸟”，就是柯蒂斯·李梅。

1945年1月，李梅少将被任命为第二十一轰炸机部队司令，在接任第二十一轰炸机部队司令后，李梅立即按照自己的一贯作风，对麾下官兵展开了魔鬼训练！训练强度之大甚至达到了让部队官兵渴望战斗的程度——和日常训练的强度相比，战斗时所享受的待遇几乎可以算作日常休息！在这种求战心切的情绪鼓动下，自1945年1月至3月，李梅的第二十一轰炸机部队先后出动B-29轰炸机1200架次，对日本本土实施了48批16次轰炸，共投弹5000吨。在空袭中被日军战斗机和高炮击落29架，因机械

美军登陆部队

故障坠毁21架，其他原因损失15架，总共损失了65架。然而轰炸效果却很不理想，主要原因是日本的工业与德国完全不同，主要是由散布在居民区的小作坊生产零部件和预制件，再送到大工厂进行组装。昼间高空精确轰炸根本无法摧毁星罗棋布的小作坊，也就无法有效地打击日本的军事工业。

1945年2月，美军开始在硫磺岛登陆，战役目的就是为实施战略轰炸的B–29提供应急着陆机场和护航战斗机的起飞基地。战斗殊为惨烈，美军为夺取这个面积仅20平方公里的小岛付出了阵亡6821人、伤2.2万人的代价，平均每天伤亡达800人，创造了二战太平洋战场美军最高伤亡纪录，伤亡率达30%！面对地面部队如此巨大的伤亡，如果轰炸再不有所起色，何以见江东父老？

面对来自友军的压力，李梅决定改变战术——根据掌握的情况分析：

第一，日军夜间防空能力极差，由于缺乏雷达，几乎没有什么夜间预警能力，高炮数量也少，夜航战斗机更是屈指可数。

第二，东京的消防能力极其薄弱，800万人口、300多平方公里的东京只有8000多名正规消防队员、2000多名辅助消防人员、1117辆消防车，因为战争期间燃料只能保证两小时，而且大部分地区没有消防水管，即使有的话，自来水总管道的压力是由电力提供的，只要电力中断消防管就无法得到需要的水压，可以说东京一旦燃起大火将无法控制。

第三，东京的房屋密集，每平方公里人口密度达到3.8万人。相邻两个房屋距离通常还不到1米，又主要是木板结构，一旦起火将迅速蔓延。

综上所述，李梅决定针对日军的薄弱环节实施夜间轰炸，大面积投掷燃烧弹，引发大火来震撼日本国民，破坏散布在居民区的生产零部件和预制件的小作坊，即使没有摧毁工厂，也可使居民失去房屋，流离失所，也就无法进行生产，达到彻底瘫痪日本军事工业的目的。

美军飞行员用机枪扫射地面目标

鉴于日军夜间防空力量很弱，李梅命令 B–29 卸下除尾炮以外的所有武器、枪座和射手椅，仅留下尾炮，把弹舱中可有可无的东西也拆掉，节省下的运载吨位全部运载 M–47 集束燃烧弹，并将原来的 8000 米高空水平轰炸改为 1500 米低空俯冲轰炸。这样 B–29 拆除武器所节省的重量，加上不必采取高空密集编队飞行所节省的燃料重量，可以使每架 B–29 载弹量从昼间精确轰炸时的平均 3 吨，增加 65% 达到 7 吨以上。

但这一命令下达到飞行员时，却令所有人都大为震惊。拆除所有武器，降低飞行高度，这将使 B–29 机组飞行员彻底暴露在日军战斗机的炮口前！

对此，李梅解释道，日军夜间防空力量极其薄弱，实施夜间轰炸不可能遇到大量战斗机的拦截，B–29 的强大火力反而会在暗夜中误伤友机。尽管李梅这样解释，但实际上他内心也是非常矛盾的，他是用自己的前途、300 架 B–29 和 3000 名官兵的生命来冒这次险！为了使行动不致因行政阻挠而无法实施，他甚至没有将这一计划报告华盛顿，只报告给了陆军航空兵兼第二十航空队司令阿诺德，因此这一空袭史称“李梅赌注”或“李梅火攻”。

李梅说：“这次低空轰炸是一次奇袭作战，不会遇到敌战斗机的拦截。反之，如果我们把那些机枪留在飞机上，却可能在黑夜里把自己打下来。执行命令吧，巴瓦将军，我把一切希望都寄托在这次作战上了！”

这简直是一场赌博！价值数亿美元的334架B–29型轰炸机成了这场豪赌的赌注！

其实，李梅早有打算，2月4日和25日，就进行了实验性空袭，分别出动70架和172架B–29轰炸神户和东京，分别投掷燃烧弹160吨和450吨，取得了满意效果，这更坚定了李梅实施大规模夜间火攻的决心。

东京沦为火之地狱

1945年3月9日傍晚5时34分，第三一四轰炸机联队队长托马斯·鲍尔准将担任空中指挥，率334架B–29从塞班岛和提尼安岛机场起飞，直扑东京！

4小时后，东京到了。美军海军陆战队在海洋和岛屿上拼死拼活3年多走过的艰苦历程，在空中走廊上只用了3个多小时。

夜空缀满星斗，334架B–29架轰炸机中的3000名空中勇士俯视着沉睡的东京，心中顿时产生一种居高临下的优越感。技术的进步推动了战争手段的发展，主宰技术的人也就主宰了战争！

庞大的机群沿着被飞行员戏称为“裕仁公路”的航线飞入日本本州海岸线后，鲍尔下令所有人员穿戴防护用具，所有空勤人员纷纷穿上防弹背心，戴上钢盔，以防高射炮火的伤害。因为考虑到此次空袭将会给日本造成巨大的人员伤亡，所以参战人员在起飞前都得到指示，一旦被击落，就要尽快被日本军方俘虏，要是落入平民手中那就很可能被当场杀死！听到这样的指示，大家无不捏了一把冷汗！

子夜12时15分，两架导航机到达东京上空，正当美国飞行员庆幸日本人没有发现他们，准备鱼贯向下俯冲时，突然，地面上的探照灯猛然打开，道道光束刺破夜空，随之而来的就是从黑沉沉的大地上升起一团团橘黄色和红色的火球，开始很小，越变越大，而且越升越快，在飞机腹下爆炸后化作细小的火星。这是日本人凶猛的防空炮火。有几架美机被明亮耀眼的橘黄色炮火击中。

“航向正方位85度，高度4500英尺，我机已改平，投弹！”美军下

美军低空轰炸东京时拍摄的东京俯瞰图

进行轰炸中的 B-29 机群

达命令，瞬间即给东京带来了惩罚的烈焰。

日本是一个多地震的国家。作为一个时时刻刻被地震困扰的民族，日本人的住宅和其他建筑物大多用既经济又实惠的竹、木等易燃材料建成。这些建筑物抗地震是合适的。可谁能想得到世界上会有 B-29 型轰炸机和燃烧弹呢!

数百架“超级堡垒”在预定目标区下町地区投下照明弹，接着投下一串串燃烧弹，燃起两条火龙，为后续飞机指示目标。随后赶到的大批飞机接着以单机间隔 15 米依次进入，在 1500 米高度向下町地区投掷了 2000 多吨燃烧弹，弹体在离地面 100 米时爆炸，射出一根根 2 米长的燃烧棒。燃烧棒一接触物体就爆炸，黏胶似的火种向四处散去。霎时间，整个东京都烧了。一座巨大的东方都市，无数建筑物、道路、桥梁、庙宇、仓库都暴露在橘黄色的火焰光背影上。庞大的机群在地面火海的映照下，疯狂地俯冲、轰炸、爬升，此起彼伏，犹如脱僵的野马，那场面真是壮观至极。

日军没有战斗机升空，高射炮火力也很稀疏。半小时后，大火迅速蔓延开来，火势已经无法控制，绝望的日本人丢弃一切，拼命躲避着追逐他们的烈火，许多人连衣服都来不及穿，裸露着身体蜷缩在木制的防空洞里，呆呆地望着冲天大火，都吓得面无血色。

人们被迫放弃了灭火的企图，大火造成的灼热气浪与冷空气形成强劲对流风，风力高达 50 千米时速，火借风势，风助火势，大火几乎将所有东西都点燃了，金属都被高温融化，人和木头都在令人窒息的高温中自燃！许多躲在防空洞里的人都被活活烤死，四下奔逃的人群近乎疯狂，到处是乱窜的火苗，到处是恐怖的惨叫，很多人认为水能克火，纷纷跳入附近的池塘和河流，但是灼烈大火所形成的高温将池塘里的水都煮开了！池塘几乎成了大锅子，在水中避难的人们都被滚烫的水活生生煮死！黎明时

东京被轰炸后的废墟

赶到下町的救护人员都被眼前的惨状震惊了，池塘里漂浮着无数尸体，都被大火烧成黑炭，根本无法分辨是男是女。

东京变成了火的地狱。麹町、神田、京桥、日本桥、芝、麻布、赤坂、小石川、本乡、下谷、浅草、本所、深川、世田谷，丰岛、荒川、泷野川、板桥、城东、向岛、足立、葛饰、江户川……美机领航员异常兴奋地把这些起火点标定在东京地图网络上。火海的中心在银座、本所和深川一带，城内 41 平方公里土地上的建筑物被焚烧得荡然无存，除了石像、水泥柱、墙、铁框架及少数电线杆外，东京已被夷为废墟。东京人发现，他们一生中熟悉的地方全消失了，甚至连河水也都蒸发干了。大火过后那毛骨悚然的情景令人惊恐到无法形容的地步！东京东部面积达 39 平方公里的地区荡然无存，26.7 万幢建筑，占东京建筑物总数的 1/4，被彻底烧毁，东京中心商业区的 63%、工业区的 20% 被烧毁，其中美军要攻击的 22 个工厂全部被毁，有 100 万人因此无家可归。在此次火攻轰炸中，东京市民死亡 8 万多人，重伤 10 万人。

指挥此次作战的鲍尔准将一边望着眼前的一切，一边向李梅报告："在将军的授意下，我已把东京从地图上抹去。我从来没有看到过如此惨烈的景象，日本人在火海中伸腿展拳，枉自挣扎，烧焦的人肉味直扑我的座机。"

在空袭行动中，美军有 9 架 B-29 被击落，5 架被重创，后来均在近海迫降，飞机上的大部分空勤人员都被美军担负救援任务的潜艇救起。还有 42 架被击伤，但都安全返回了基地。

★李梅的喜悦

与此同时，在关岛司令部里的李梅正在焦急地等待，他不住看表，喃喃自语："我们应该收到鲍尔的报告了，看来他们是遇到麻烦了！都是我的错！”第二十一轰炸机部队参谋长克斯勒准将则在一旁不断安慰他。

凌晨1时15分，李梅拭去满头的汗，对克斯勒说：“这是我的决定，由我承担一切责任，我向华盛顿报告。”这时，通讯军官挥舞着鲍尔的报告推门而入：“已经投弹，目标地区一片大火，高射炮火由密到疏，极少战斗机受损。”指挥部里顿时一片欢呼！

李梅大喜，马上向阿诺德报告：“我相信，惩罚之火已经动摇了那个罪恶‘神国’的根基！”

执行第一次轰炸东京任务的杜立德中校（前一）

在东京肆虐的燃烧弹

李梅所说的“惩罚之火已经动摇了那个罪恶‘神国’的根基”的话，绝不是耸人听闻。这场大火足足燃烧了 4 天才熄灭。根据专门成立的调查委员会的报告，这次大火使 26.7 万幢建筑物付之一炬，100 万人无家可归，8 万多人被烧死，10 万人被烧成重伤。火灾之后日本人用了 25 天时间才把碎砖破瓦清除干净。除了心理上强烈的震撼外，遭受打击最严重的还有对维持战争机器继续运转至关重要的日本的重工业。李梅计划轰炸的 22 个工业目标全部化为一片灰烬。此后，日本钢铁生产急剧滑坡，产量还不到原来的 1/3，飞机产量下降到原来的 1/3，国内铁路和公路运输濒于崩溃。

3 月 10 日晚，317 架 B–29 型轰炸机轰炸名古屋，尽管该城消防设施比东京先进，但仍遭到惨痛损失，市中心 5 平方公里的地区被烧作一片白地。

3 月 13 日晚，300 架 B–29 轰炸大阪，投下 1700 吨燃烧弹，20 平方公里的城区被焚烧殆尽。

3 月 16 日晚，400 架 B–29 轰炸神户，投掷 2300 吨燃烧弹，该城城区化作一片废墟。

在 3 月 9 日至 19 日的 10 天里，美军共出动 1600 架次的 B–29 型轰炸机，把名古屋、大阪和神户这三座城市中合计 83 平方公里的城区烧成片片赤地，一直到储存在马里亚纳群岛基地的 1 万吨燃烧弹消耗完毕后，火攻才暂时告一段落。

3 月下旬，美军通过空运和海运结合的手段，再度补齐了弹药库里的燃烧弹存量。进入 4 月份后，美军进一步加大了空袭力度。

4 月 7 日，美军轰炸伊势地区。

4 月 13 日，天皇的部分皇宫在空袭中被烧毁，被日本军国主义者视为圣地的明治神宫更是全部化为废墟。

5 月 26 日，美军再度大举空袭东京，在几乎未遭到有力抵抗的情况下，500 架 B–29 向东京投下 4000 吨燃烧弹，把 40 平方公里的城区化为灰烬。

5 月 29 日，美军空袭横滨，450 架 B–29 投下的 3200 吨燃烧弹把横滨烧成了一个巨大的火炬，整个城市几乎被彻底摧毁！

截至 6 月 15 日，美军共出动 B–29 达 6990 架次，先后对日本东京、大阪、名古屋、神户、横滨等主要城市进行了 17 次大规模轰炸，使上述城市共 264 平方公里地区遭到了毁灭性的破坏，而美军所付出的代价仅仅是 136 架 B–29 型轰炸机，战损率仅为 2.1%。

遭到空袭后的日本街头

美军轰炸机机舱内的燃烧弹

6月以后，美军的空袭范围扩大到了中小城市和交通线。至7月4日，美军投弹总量达到了10万吨，月平均投弹量从3月份的1.38万吨增至7月份的4.27万吨。

7月10日起，已经杀入日本近海的美军航母特混舰队也加入到对日本本土的空袭中，仅在7月10日一天内，美军舰载航空兵就出动舰载机1220架次，重点攻击了日本北海道与本州之间的火车轮渡，使北海道对本州的煤炭供应彻底断绝，到7月13日，美军舰载机出动达到1820架次。7月17日，在完全掌握了制空权后，美军水面舰只直接进入日本海，用舰炮轰击岸上目标。神户、大阪、日立、舞鹤、清水等港口均遭到美军舰炮的猛烈轰击。

★美军对日本本土空袭的影响

从1945年1月至8月，美军在对日本本土的空袭中共出动各种型号的飞机3.3万架次，其中B-29型轰炸机接近一半，达1.5万架次，共投弹16万吨，包括东京在内的98个日本城市遭到轰炸，其中主要大城市的城区被烧毁面积均在50%以上，东京和横滨为56%，名古屋为52%，大阪、神户为57%；中小城市中，福井最高，达96%，甲府为72%，日立为71%。在空袭中死亡约33万人（含原子弹轰炸死亡人数），伤47.6万，失踪2.4万，有244万幢建筑物被毁，800万人无家可归。而美军仅损失飞机697架。

更为重要的是，由于3月9日的火攻给东京市民造成了极大恐惧，而且李梅结合空袭实施心理战，通过空投传单事先告知日本平民将要轰炸的地点和时间，这就更加剧了平民的惊恐。在空袭期间，共有850万城市居民逃往乡村，军事工业中工人的缺勤率7月已达50%，加上工厂厂区在空袭中遭到严重破坏，如航空工业厂区被毁60%，直接导致日本军工产量的急剧下滑——炼油工业产量下降83%，飞机发动机产量下降75%，飞机机身产量下降60%，电子设备产量下降70%，飞机月产量从1944年的2340架下降到1945年8月的200架，降幅达91%！1945年3月，日本石油储备仅40万吨，美军第三一五轰炸机联队对日本炼油厂和油库进行了重点轰炸，共投弹9100吨，截至8月，日本炼油能力下降80%，石油储备在轰炸中被焚毁近6万吨，日本的战争潜力遭到了沉重打击，经济几近崩溃。毫不夸张地说，以李梅火攻为代表的美军战略轰炸，直接动摇了日本维持战争的根本基础。

由于日本的建筑多为易燃的木制或竹制结构，燃烧弹的威力就显得格外恐怖

一名日军士兵被俘获

被美国飞机轰炸后的前桥

被美国飞机轰炸后的大阪

进攻中的美国轰炸机

第三章

海岛上的搏杀：冲绳之战！

★遭到如此重创的“富兰克林”号在全体官兵和第二大队友舰的大力支援下，经过数小时的拼搏，竟然奇迹般地扑灭了大火。在这场灾难中，“富兰克林”号共有 724 人死亡，265 人受伤。

★在战争规律面前，任何人都不能自负。特纳总结了这一仗的教训后认为，在占领冲绳之前，必须建立一个隐蔽的锚地作为前进基地。于是，他把手中的利剑指向了庆良间列岛。

★这一前进基地的建立，使参加冲绳战役的美军舰船得以补给、修理和整顿，从而对冲绳之战起到重要的作用。

★临近岸边，水陆坦克在无护卫情况下向海岸突进，同时以 75 毫米口径坦克炮攻击正面目标。这时，美军舰载机呼啸而至，掠过海岸，深入登陆地域反复轰炸扫射，太平洋战争中最后一次登陆大战打响了！

★顺利的陆战使美军官兵暗自庆幸，他们谁也没有意识到，一场激烈的海空大战正悄悄来临。

"富兰克林"号上的灾难

马歇尔将军接到阿诺德送来的轰炸东京的战况，心中着实高兴，认为已达到预定目的。他立即向尼米兹发电报告这一战果，并催其抓紧时间完成攻克冲绳岛的作战准备。

在拟订进攻冲绳岛的作战计划时，尼米兹最担心的是美军在冲绳岛上建立机场之前，敌人的空中力量对登陆部队究竟有多大威胁。据情报人员报告，东北方向，日军在九州有55个机场；西南方向，日军在中国台湾有65个机场。在这两地之间，沿着包括冲绳岛在内的琉球群岛还有许多跑道。由于日本人除了菲律宾中部外已不在其他任何地方作战，而且驻菲律宾中部的日军同本土的联系和供应都已被切断，因此他们可能动用本土的3000或4000架飞机，运用可怕的神风自杀战术以抗击美军的进攻部队。因此，尼米兹决定在登陆冲绳岛前用舰载机轰炸九州机场，歼灭日机于机场内。为此，他严令马克·米彻尔海军中将率领他的第五十八特混编队从加罗林群岛迅速北上，对九州进行压制性轰炸。

米彻尔是一位足以使日军闻风丧胆的海军将领，这位安纳波利斯海军学院的高才生，几乎参加了太平洋战争的全过程。1944年2月16日和17日，米彻尔率领第五十八特混编队成功地空袭了日本联合舰队特鲁克基地，炸沉敌舰船43艘，炸伤9艘，击毁敌机270架。日军曾哀叹："特鲁克战役损失之惨重为历次战役中所仅见，这真是空前之大不幸！特别是这一战使特鲁克陷入孤立，对各方面产生了重大的影响！"日本人惊呼：这是珍珠港事件的重演！

米彻尔接到命令，立即率领舰队从加罗林群岛的乌利西珊瑚礁停泊地拔锚起航。这支庞大的舰队在烟波浩渺的大洋上组成了一个巨大的钢铁花环，其中有："大黄蜂"号、"本宁顿"号、"企业"号、"富兰克林"号、"埃塞克斯"号、"邦克山"号、"汉科克"号、"约克城"号、"勇猛"号、"黄蜂"号航空母舰；"贝劳伍德"号、"圣哈辛托"号、"巴丹岛"号、"兰利"号、"独立"号、"卡伯特"号轻型航空母舰；"马萨诸塞"号、"印第安纳"号、"北卡罗来纳"号、"华盛顿"号、"南达科他"号、"威斯康辛"号、"新泽西"号、"密苏里"号战列舰；"阿拉斯加"号、"关岛"号巡洋舰以及其他16艘巡洋舰、64艘驱逐舰，还拥有1200架作战飞机。可以说，这是整个太平洋舰队中的精锐之师。

米彻尔站在舰桥上，迎着朝阳，望着这组蔚为壮观的钢铁花环，踌躇满志。欧洲战事马上就要结束了，斯大林的军队已经打到东普鲁士，盟军也已突破莱茵河防线，正在向德国腹地推进。太平洋战争结束的时间屈指可数。他今年已58岁，在舰桥上再也待不了几个春秋了，此时不建功立业更待何时？况且，冲绳岛登陆战役的最高指挥官斯普鲁恩斯乘坐的旗舰就编在他的第五十八特混舰队中，他必须再露一手，让他的同僚和敌人都永远记住马克·米彻尔的名字。

3月18日，第五十八特混编队到达距九州东南约90海里处，从凌晨开始出动舰载机对九州各机场进行突击。米彻尔下令将机库内的F-4U型"海盗"式轰炸机提升到飞行甲板上，同时让战斗机升空警戒。因为勇谋兼备的米彻尔知道，九州的面积远远超过任何一个美军在太平洋攻克的海岛。弹丸之地的硫磺岛经受了整整72天的狂轰滥炸还能顽强抗击，指望一次空袭就能把日本飞机从地面上消灭只能是幻想。他不能不防备日本人的反扑。日军的自杀式特攻战术，一直是令美军官兵发怵的。

果然不出米彻尔之所料，当美军轰炸机飞临九州南部机场时，发现机场上仅有少数飞机。上午的轰炸仅摧毁了敌人的机库、燃料库和跑道。下

日本海军中将宇垣缠

午，美机深入内地，继续轰炸敌机场、军事设施和交通线，没有遭到抵抗。

米彻尔双眉紧锁，知道敌人已做好了充分准备，突然袭击的优势已经丧失。但他不肯轻易罢手。他让舰队向东北方向行驶，决定袭击据报集结有大量战斗舰船的吴港，同时命令各舰加强空中警戒，注意防止敌机偷袭。

日本海军第五航空舰队司令宇垣缠海军中将虽然接到待美军登陆编队出现时再出击的命令，但他认为如果不进行反击，任凭美军轰炸的话，他的航空兵力都将被消灭在地面上，因此仍下令出击。宇垣缠这位曾担任过日本联合舰队司令官山本五十六大将参谋长的高级军官，两年前与山本在南太平洋的巴拉尔岛同遭美机袭击，结果山本被击毙，他侥幸坠海活了下来。指挥那次空中袭击的就是这个米彻尔，宇垣缠对他恨之入骨，发誓要报仇雪恨。今天就是一个报仇的绝好机会。

就在这时，日本海军联合舰队第五航空队的195架舰载轰炸机和自杀飞机凌空而至。米彻尔大惊，急令战斗机迎战。但是，他很快发现日机轰炸已不讲什么战术，一律是先投弹然后再撞向军舰。美军"企业"号、"勇猛"号和"约克城"号军舰都受到轻微损伤。日机很快便被美军战斗机击落在海底。这一天美军共炸毁和击落日机375架。米彻尔长吁了一口气，继续向东北方向开进。

然而，幸运之神并不总是保佑美国人的。3 月 19 日清晨，朝霞灿烂。日军第五航空队司令官宇垣缠海军中将在南九州鹿儿岛海军航空兵训练基地送别自杀特攻队。据报，美军舰队已进入佐多岬东南 100 海里的洋面上，他要组织一次大规模的空中自杀攻击，阻止美国人向日本本土开进。“方位 75，距离 7.5 万米，敌航空母舰 5 艘，立即投入攻击！”

宇垣缠下令后，只见一架架自杀飞机呼啸升空，扑向波涛汹涌的海洋上的美军舰队，投入一去不复返的攻击任务。

7 时 10 分，米彻尔刚把轰炸吴港的轰炸机送上空中，就听到战斗警报急促响起，一架跟着一架的日机从云缝中钻出，不顾一切地向下俯冲，

美军“黄蜂”号航空母舰

惊得美军官兵目瞪口呆——他们是为活着而战，而对手却是为死亡而战。

美军“黄蜂”号航空母舰规避不及，一架日机在怪叫声中扑上它的甲板爆炸，舰上顿时血肉横飞，烈焰腾腾。数分钟后，又一架日机撞中它的舷侧，“黄蜂”号发生大爆炸，烟火冲天，血流满船。两次爆炸共炸死该舰官兵101人，炸伤269人。

★遭受重创的“富兰克林”号

但更大的灾难还在后面，最惨的是“富兰克林”号航空母舰。

7时11分，“富兰克林”号在浪峰中耸动，旗杆上的海军少将旗在海风中飘扬。一架日机见是艘旗舰便拼命向下俯冲，机上的日本军徽清晰可见，甚至飞行员的脸也一清二楚。甲板上的美国小兵吓得丢掉手中的一切，慌忙跳向海里。日机飞行员看到美军官兵如此胆怯狼狈，轻蔑地冷冷一笑，将操纵杆一推到底，撞到了美舰上，一声震耳欲聋的大爆炸，引发了甲板上舰载机携带的炸弹，一连串强烈的震动过后，“富兰克林”号已被烈火和浓烟笼罩，烟柱高达600多米。站在“邦克山”号航空母舰上的米彻尔望着冲天烟柱，痛苦得说不出话来。

“富兰克林”号舰长莱斯·盖尔森上校率领官兵奋力救火，因为航母正在组织舰载机起飞，机库里全是加满油、挂满炸弹的飞机，爆炸后立即引起了可怕的连锁爆炸，火势迅速蔓延，爆炸声此起彼伏，大火引起的浓烟直冲云天，航母上几十架飞机都被炸毁，舰员伤亡已经多达数百人，爆炸和大火持续不断，并逐渐波及机舱，“富兰克林”号上层建筑面目全非，满是弹洞，甲板上遍布飞机残骸，大火蔓延到了后甲板的弹药堆，引起了更大的爆炸。

“富兰克林”号所在的第二大队司令戴维森海军少将见航母伤势严重，通知舰长盖尔斯上校可以下令弃舰，但盖尔斯认为只要提供必要的海空支援和掩护，“富兰克林”号就能挽救。戴维森同意了他的计划，立即调动第二大队的其他军舰前来救援，“圣非”号轻巡洋舰用钢缆拖住“富兰克林”号以阻止其倾覆沉没，同时接下部分受伤舰员，舰长盖尔斯首先下令向弹药舱注水，以避免更大的爆炸，但注水后航母开始右倾。9时30分，“富兰克林”号锅炉停止了工作，右倾加剧，甲板几乎碰到了海面，“圣非”号眼看无力控制其倾斜，担心被航母巨大的舰体拖翻，只得砍断钢缆。“匹兹堡”号重巡洋舰接着赶来，布置钢缆阻止“富兰克林”号倾斜，经过不懈的努力，终于制止了航母的倾斜，“圣非”号再度靠近航母，将钢缆以前主炮作支点，系上航母，协同“匹兹堡”号一起矫正航母的倾斜。

航母上的官兵在舰长的指挥下全力抢救，尽管零星爆炸还不时发生，

“富兰克林”号上正在全力抢救、灭火的官兵

“富兰克林”号遭到攻击、起火

火势还很猛，但倾覆的危险总算被解除了，第二大队的5艘驱逐舰在航母四周一边搭救落水舰员，一边为航母提供掩护。由于航母所在海域距离日军航空基地还不足100海里，日机空袭的危险随时存在，因此抢救工作非常急迫。中午前后，又有一架日机前来攻击，但未命中。

航母上很多舰员在极其危险困难的情况下，表现出了非凡的勇气和崇高的互助精神：水兵唐纳德·加里和300余名水兵被困在第五层甲板下的一个舱室里，在与外界联系全部中断的情况下，加里独自一人冒着呛人的浓烟，从一个狭窄的通风道找到了逃生的道路，他随即返回舱室，带领同伴逃生，总共往返三次将300余人全部带出了绝境。舰上的牧师约瑟夫·卡拉汉在飞行甲板上，不顾四下横飞的弹片，安慰伤员并为死去的官兵进行简短的祈祷，最后还加入了灭火工作，他的行动感染、鼓舞了很多人。

遭到如此重创的“富兰克林”号在全体官兵和第二大队友舰的大力

支援下，经过数小时的拼搏，竟然奇迹般地扑灭了大火。在这场灾难中，“富兰克林”号共有724人死亡,265人受伤。后在“匹兹堡”号的拖曳下，回到了乌利西基地，经过短时间抢修，恢复了航行能力，在“圣非”号巡洋舰的护送下于4月28日返回了美国本土的布鲁克林海军基地。“富兰克林”号是太平洋战争中受创最重却没沉没的航母，该舰的抢救经验对战后航母的舰体设计和损管系统配置具有极大的指导作用。

“富兰克林”号舰长盖尔斯因此受到嘉奖，并在6月30日升任圣迭戈海军基地的司令；加里和卡拉汉被授予美国最高荣誉勋章——国会勋章，1984年和1968年美国海军分别将一艘“佩里”级护卫舰和“诺克斯”级

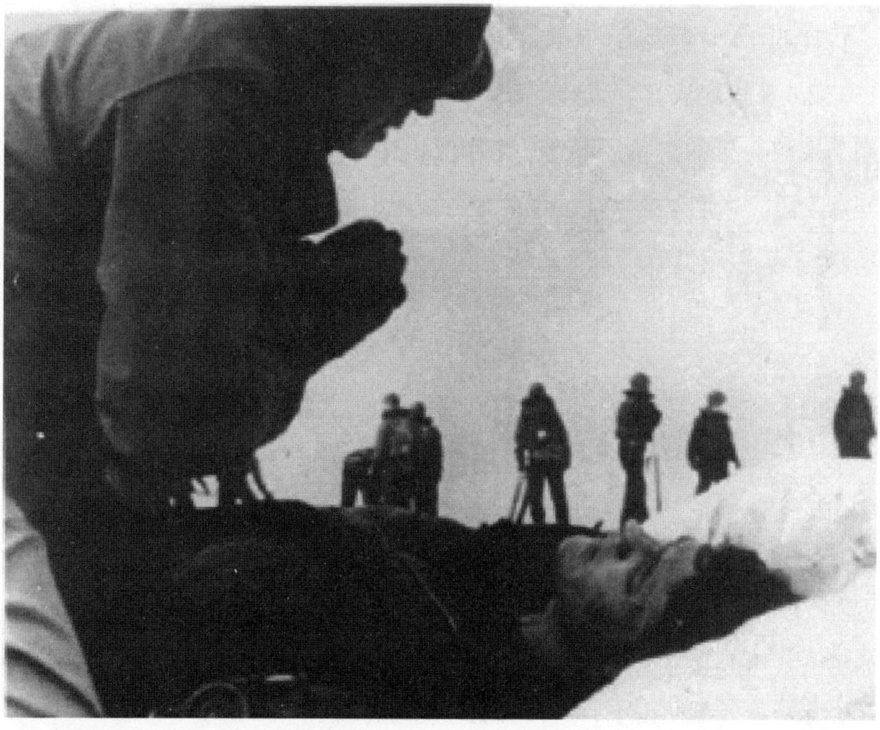

“富兰克林”号上为伤者和死者进行祈祷的奥卡拉汉神父（他在这次美国海军航空母舰最严重的损伤中帮助他人逃生，指挥损管作业并在浓烟烈火中平静地进行着祈祷，为稳定舰员的情绪发挥了巨大作用，他因此获颁荣誉勋章）

护卫舰以加里和卡拉汉的名字来命名，以此表彰和纪念他们的英勇事迹。

在18、19日两天的突击中，美军损失舰载机116架，有1艘航母遭到重创，4艘航母和1艘驱逐舰被击伤，在空中和地面上共消灭日机528架，炸沉炸伤日舰22艘，并对九州地区的飞机制造厂和航空基地造成了较大的破坏，使九州地区的日军航空兵在此后的两周时间里无力组织大规模行动。

3月20日，天气转雨，第五十八特混编队南撤，日军因航空兵力损失严重，所剩无几，只以少数飞机进行了零星袭扰，有一架自杀飞机撞伤了一艘驱逐舰。

21日14时，又有50架日机从西北方向逼来。米彻尔闻报立即派出150架战斗机迎战。行动笨拙而又缺乏战术的日机这次成了美军F-6F“恶妇”式战斗机的空靶，不到一个小时，50架日机全部被击落，美军舰队安然无恙。米彻尔这才向尼米兹报告战况，并表示为未能达到预期目的而遗憾。

“特纳只有一个！”

尼米兹接到米彻尔的电报后不仅没有责怪这位老将，反而回电说：“将军此次空战击毁击落日机528架，这一巨大战果会使敌人在4月6日之前无力大规模参加冲绳岛之战。我们的目的已经达到，我向您致敬！现在，您可率领舰队南下，直接支援冲绳岛作战。”

此时，尼米兹的注意力完全集中到了冲绳岛。他十分自信，因为他已编成了美军作战史上最庞大的一支登陆部队来实施这次“冰山”作战。

美军“恶妇”式战斗机

“冰山”作战的战地最高指挥官是雷蒙特·斯普鲁恩斯。这位自太平洋战争爆发以来功勋卓著的“机器人”，不久前被破格晋升为四星海军上将。他非常相信运气与智慧，认为这两者的结合就意味着胜利。自战争爆发以来，他没有离开过太平洋片刻，大海已成为他生活的一部分。他擅长指挥航空母舰作战，特混编队就是他为航母作战理论奉献的杰作。

★斯普鲁恩斯与特混编队

海军历来崇尚“巨舰大炮”理论，重视战列舰而轻视航空母舰，往往分散使用航母。珍珠港事件后，斯普鲁恩斯很快发现海军航空兵在大洋作战中有着巨大的潜力，因此提出集中使用航空母舰，组成一支由巡洋舰护航的航母编队，即特混舰队。新的舰队是一支海上机动打击力量，它的规模可视任务的不同而变动。有的特混舰队可以追踪非常分散的目标，但事后能立即重新集合而保持它的完整性。特混舰队的“眼睛”是装有搜索雷达的驱逐舰，搜索雷达的扫描范围达直径400公里以上。不仅如此，舰队侦察机还可使特混舰队的“视力”进一步扩大。最初的特混舰队只编有一二艘航空母舰，但由于它在作战中很快证明自身的威力远比“巨舰大炮”更为强大，因此它的规模不断扩大。到1943年，每支特混舰队都编有数艘航空母舰、多艘具有强大防空火力的战列舰和巡洋舰以及作为一支独立部队存在所必需的各种辅助器——医院船、维修供应船，等等。斯普鲁恩斯的这一杰作，终于使传统的舰对舰的海上战斗形式让位于空海组合体之间更复杂的作战方式，从此，大多数海上作战都将因从航空母舰上起飞的舰载机的到达而进入高潮。

在这次冲绳登陆作战中，斯普鲁恩斯动用了八九个特混舰队。它们是：米彻尔指挥的第五十八快速航空母舰特混舰队、英国皇家海军中将伯纳德·罗林斯指挥的第五十七航空母舰特混舰队，这两支特混舰队担负登陆部队的海空掩护任务；以凯里·特纳海军中将指挥的联合特遣军团组成第五十一特混舰队，担负登陆作战任务，下辖菲利浦·布朗海军少将指挥的第五十二登陆支援特混舰队、莫顿·戴约海军中将指挥的第五十四火力支援与掩护特混舰队、诺雷斯·利斯莱海军少将指挥的第五十三北部突击特混舰队、约翰·霍尔海军少将指挥的第五十五南部突击特混舰队、西蒙斯·巴尔纳尔陆军中将指挥的第五十六特混舰队。第五十六特混舰队主要由第十集团军组成，担负登陆以及登陆后的地面作战任务，下辖约翰·霍奇陆军少将指挥的第二十四军，他的第七和第九十六师由第五十五特混舰队输送，将在冲绳岛南部登陆；罗伊·盖格海军少将指挥的海军陆战队第三军，他的陆战第一和第六师由第五十三特混舰队输送，将在冲绳岛北部登陆；陆战第二师为佯攻部队，步兵第七十七师担负在西部岛屿登陆任务，步兵第二十七师为登陆作战的预备队；弗雷德·恩雷斯陆军少将指挥

美军 SB2C 轰炸机

的琉球群岛守备部队将担负登陆后设立的海军基地和海军航空兵机场的守备任务。此外，弗朗西斯·马尔克海军少将指挥的战术航空兵团担负登陆作战的空中支援任务。

这支登陆作战部队阵容空前强大，总计有 40 多艘航空母舰，22 艘战列舰，320 余艘巡洋舰和驱逐舰，1457 艘运输船、登陆艇、修理船，2108 架舰载机，45.2 万名官兵（其中地面部队 28.7 万人）、10 万吨弹药，123 万吨燃料。仅拟订的作战文书就重达数吨。此外还有大量各类军需物资，仅香烟就有 270 万吨，需分发的信件达 24 万件之多。当时随军的英国军事观察员认为："'冰山'作战是一次美军两栖兵力尚未承担过的最大胆、最复杂的军事行动。"按照作战计划，冲绳岛登陆日上陆的部队将比一年前欧洲大陆诺曼底登陆第一日上陆的兵力还多 7.5 万人，达到 18.2 万人，真可谓史无前例!

斯普鲁恩斯坐在指挥舱内，饮着威士忌，看上去十分沉静，但心中却似翻江倒海。“冰山”计划原定于3月1日实施，但由于硫磺岛登陆不顺，同时由于用于菲律宾作战之地面部队和海军舰船没有及时转移到冲绳方向以及登陆目标区的空海权尚未完全夺取，使得冲绳登陆日一拖再拖。虽然，这些问题现在基本解决了，然而战场上随时可能发生意外事件，如果考虑不周就会使作战受阻。问题就在于这些偶然性因素并不是完全能预料到的。“一切还待运气！”斯普鲁恩斯又想起他恪守的成功之术，“但愿上帝保佑美利坚早日结束这场战争！”

他准备同特纳再商量一下作战细节。4月1日，特纳的部队将开始进攻冲绳!

夺取庆良间列岛期间特纳将军接到斯普鲁恩斯的电报，对上司的担心并不以为然。他曾在海军军事学院参谋部同斯普鲁恩斯共事多年。他

1945年4月1日在冲绳岛登陆的美国陆军第十军的士兵

对冲绳进行轰炸的美军轰炸机

天资聪慧，精力充沛，但脾气古怪，个性倔强，有海军“怪物”之称。他最信奉法国启蒙运动思想家卢梭的名言：“上帝创造了我，然后把模子打碎了。”他十分相信自己的能力，自1942年以后，除了在瓜达尔卡纳尔的隆加岭受过挫折外，他率军所向披靡，挺进3000英里，从吉尔伯特群岛一直打到琉球群岛。日本人惊呼他是一只凶猛异常的“短命鳄”。但是，美国国内对他的评价却很不一致。有人说他是“胜利的宠儿”，这原是拿破仑给他的一个元帅起的外号，意在夸他每战必胜、攻无不克；也有人认为他在塔拉瓦、塞班和硫磺岛浪费美军官兵的生命。他让士兵们为争夺每一块礁石而流血，而这本该是大炮和飞机干的事。他甚至成了美国“驴党”和“象党”之争的焦点。共和党的报纸把他的战果与麦克阿瑟相比，赞扬麦克阿瑟收复的地方等于1/4的美国，而特纳却只占了哥伦比亚特区那么大点儿地方，付出的代价却比麦克阿

美国人升起国旗，标志着冲绳岛战役以美军胜利告终。士兵对着升起的国旗敬礼，纪念逝去的战友

瑟大。

然而，褒贬不一并未使特纳在意。他相信特纳只有一个！因此，他对恶意的中伤置之一笑，对廉价的捧场保持冷静。特纳生于1885年，1945年的5月27日是他的六十寿辰，在数十年的海军生涯中，他当过舰长、教官、参谋长，在各种舰艇、船厂、文职岗位上工作的履历使他的知识丰富广博；他富有想象力，善于采用任何人都不敢用的新思想、新战术、新装备，两栖作战这种复杂的陆海空立体战争非常适合特纳的性格、经历与气质。尼米兹十分欣赏他，认为特纳是个天生的两栖作战军官。

硫磺岛之战，美军付出了数万名官兵的鲜血与生命，这一惨痛的代价深深地触动了这位“胜利的宠儿”。在战争规律面前，任何人都不能自负。他总结了这一仗的教训后认为，在占领冲绳岛之前，必须建立一个隐蔽的锚地作为前进基地。于是，他把手中的利剑指向了庆良间列岛。

登陆庆良间列岛

深蓝色的大海庄严而宁静，犹如一块柔和的丝绸向远方伸去，最终消失在一片淡蓝色的雾霭之中。透过雾气，远处隐约显现出庆良间列岛的轮廓。庆良间列岛位于冲绳岛西海岸约24公里处，共有10个小岛。庆良间锚地水域开阔，底质良好，水深36到65米，能同时停泊75艘大型舰船。岛上多山，灌木遍地，海岸曲折，礁石林立。

美军登陆编队司令特纳在制订冲绳岛登陆计划时就提出先以部分兵力夺取该群岛，但遭到几乎所有人的反对，他们觉得庆良间列岛地形崎岖，无法修建机场，对于冲绳岛登陆作战没什么价值，如果实施登陆，将会遭到日军猛烈的航空兵力攻击，因为日军在以庆良间列岛为中心、半径50

美军士兵向负隅顽抗的日军开枪射击

海里范围里有五处机场，航空兵力雄厚，不仅登陆难以取胜，还会影响随后进行的在冲绳岛的登陆。特纳认为，庆良间列岛主岛渡加敷岛与其以西的5个小岛围成庆良间海峡，海面开阔，海峡两端可以布设反潜网，是天然的避风锚地，水深数十米，能容纳近百艘大型舰船，而在渡嘉敷岛以东还有一片稍小一些的开阔海域，则可以建成理想的水上飞机起降基地，这样庆良间列岛就可以成为在冲绳岛登陆的前进基地，而且根据硫磺岛战役的经验，在靠近战场的海域拥有一个避风锚地是绝对必要的，在他的坚持下，美军最终决定先在庆良间列岛实施登陆，以取得前进基地。战役发展进程证明，特纳的这一决定是非常明智和正确的。

特纳的计划很快得到斯普鲁恩斯的批准。斯普鲁恩斯命其在冲绳岛登陆前 6 天夺取庆良间列岛，建立支援冲绳岛登陆作战的水上飞机基地和舰队停泊场及后勤补给基地。日军认为该群岛对冲绳岛的登陆没有多大作用，所以防御力量非常薄弱。

3 月 17 日，第五十二特混编队司令布兰迪海军少将、第五十一特混编队第一大队司令基兰海军少将、陆军第七十七师师长布鲁斯陆军少将和水下爆破大队的大队长汉隆海军上校一起制订了庆良间列岛登陆计划。根据空中侦察，发现日军在庆良间列岛的防御非常薄弱，他们遂改变了特纳原先以一个加强营的兵力逐个攻取的设想，决定以第七十七师主力在 6 个较大的岛屿同时实施登陆，力争一举夺取庆良间列岛。

3 月 23 日，布兰迪海军少将指挥由 18 艘护航航母、15 艘驱逐舰、19 艘护卫舰、70 艘扫雷舰以及一些炮艇、猎潜艇等小型舰艇组成的第五十二特混编队，其任务是对登陆作战实施支援，也被称为两栖支援编队，开始对冲绳岛接近航道进行扫雷，护航航母则出动舰载机对冲绳岛、庆良间列岛日军进行轰炸，以掩护扫雷行动。

3 月 25 日，支援编队中的 2 艘巡洋舰和 3 艘驱逐舰对庆良间列岛实施预先火力准备，同时掩护水下爆破大队侦察各岛屿登陆地点的海滩情况，结果发现久场岛和屋嘉比岛两岛屿预定登陆点的水下密布暗礁，登陆艇无法直接驶上海滩，只能使用履带登陆车，这样一来，现有履带登陆车的数量就不能满足在 6 个岛屿同时登陆的需要，因此美军临时改变计划，先只在其他 4 个岛屿登陆。

3 月 26 日 8 时许，美军步兵第七十七师师长安东尼 · 布鲁斯少将率部拉开了攻占庆良间列岛的战斗帷幕。第七十七师由西部岛屿突击大队组成的慢速、快速两个护航队负责实施海上航渡。慢速护航队为登陆舰纵队，由 22 艘坦克登陆舰、14 艘中型登陆舰、40 艘步兵登陆艇和一些护卫舰编成；快速护航队由20艘武装输送舰和武装货船、2艘护航航空母舰及若干驱逐舰编成。两支护航队于3月22日从菲律宾群岛的雷伊泰岛启航北上，于3月26日拂晓前进入庆良间列岛附近之停泊海域。

为减少登陆时的伤亡，特纳命令菲利浦·布朗指挥的第五十二特混舰队在3月24日和25日向庆良间列岛实施海空火力准备。命令下达后，美军舰炮齐鸣，两天内向岛上倾泻了125毫米口径的炮弹2.7226万发，将目标区地面工事和建筑物全部摧毁。从航空母舰起飞的3000余架次舰载机同时轰炸了庆良间列岛和冲绳岛西海岸的日军机场和阵地。这样猛烈的火力准备是否起到了压制准备抗登陆之敌的作用，美军实在不敢妄下结论，因为他们的教训太深刻了。硫磺岛登陆前美军的火力准备也相当凶猛，可是部队一上岸，日军就好像中国小说《封神榜》中的土行孙一样，纷纷从地底下钻出来抵抗，给美军造成了重大伤亡。所以，布朗将火力准备的情况报告后，特意加了一句话：“登陆前的火力准备可能使登陆成功，但是日军的沉默并不说明岛上所有的防御工事都已被破坏。”

在实施海空火力准备的同时，美军的扫雷舰在舰载机和海军火力支

1945年3月26日，美军在庆良间列岛登陆，拉开了冲绳岛登陆战役的序幕

美国陆军士兵在呼叫炮火支援

援舰艇的掩护下，在目标区进行了扫雷作业。至 25 日日终，扫雷舰队已在庆良间列岛的南部和西南部海域开辟了两个宽达 11 公里以上的海上接近通道。接着，美军水下爆破大队又在备登陆海滩的接近通道上完成了水下爆破作业，将海岸一带的桩砦、铁丝网、浮游拦障等水中障碍物炸得一干二净。

两天来的努力没有白费。当布鲁斯指挥的 5 个登陆队搭乘水陆履带输送车在水陆坦克的引导和掩护下，分别在阿嘉岛、庆留间岛、外地岛、屋嘉比岛和座间味岛突击抢滩上陆时，日军没有进行有组织的抵抗。8 时 4 分，在阿嘉岛登陆的步兵第三〇五团第三营登陆队刚上岸就看见 200 余名日本海军士兵和朝鲜劳工纷纷跳出残破的工事向后狂奔，逃入洞穴和坑道。跟踪而至的美军在洞口听见里面还有妇女的抽泣声和婴儿的啼叫声，便喊话让他们投降，但听到的是一片沉寂。陆军少校乔治·多姆唤来随军日语翻译，继续劝降，却听到洞内传来一阵乱叫声。翻译告诉多姆，里面的男人好像在大声对女人说："美国大兵性情残暴，黄发绿目，犹如魔鬼，捉住小孩就生吞活剥，逮住女人就轮奸糟蹋，为了保持帝国女人的贞节，从速自尽吧。"话音刚落，只听里面传来几声凄厉的惨叫，紧接着又是一片沉静。多姆挥挥手，率领士兵冲了进去。只见地上横七竖八躺着一片尸体，12 具女尸和 4 具童尸的颈上都缠着绳子，显然是被勒死的，而那些男尸则一个个肚破肠流。多姆感到一阵恶心，抽身退出山洞，大口吸了吸洞外清新的空气，然后率部追剿其他残敌。

步兵第三〇六团第一营登陆队于 8 时 25 分在庆良间岛登陆，未遇任何抵抗。营长万斯·斯塔德利陆军中校正暗自庆幸，突然接到布鲁斯的电

美军在战争后期大量抛撒传单，告诫冲绳平民向安全地区集结。图中的妇女正在和男子分看传单及美军食物。但很多平民没这么幸运，偷看传单被日军捕获就是死罪

报，说该岛是日军自杀艇的老巢，让他立即严密搜索全岛。斯塔德利立即行动，果然在岛上伪装的棚厂和山洞中搜出250余艘“震洋”式自杀艇。这种艇长6米，装载两个113公斤的深水炸弹，由一人操纵。据被俘的日军军官供认，他们企图在美军登陆冲绳岛时，利用夜幕以30节的速度冲向敌舰，实施自杀攻击。斯塔德利听后真是出了一身冷汗。第三〇六团第一营登上该岛后，美军野战炮兵第三〇四和第三〇五营也搭乘两栖汽车上岸，准备于次日支援登陆步兵夺取渡嘉敷岛。

★抢滩庆良间列岛

座间味岛是庆良间列岛中较大的一个岛屿。9时整，美军步兵第三〇五团第一营登陆队抢滩上岸，遭到残余日军抵抗，伤亡数人。亨利·克林顿中校见状命令两栖坦克向前冲杀，摧毁敌火力点，稳住滩头阵地，然后向岛纵深发展进攻。日军见敌来势凶猛，狼狈钻入洞内。美军如同挖老鼠洞般一个一个山洞地清剿，直到28日才肃清散股日军。岛上军民大部分自杀。

庆良间列岛以南的外地岛是列岛中地形较为平坦的岛屿。9时25分，美军步兵第三〇六团第二营登陆队上岛，营长杰克·比尔中校以为会遇到敌人抵抗，上岛后却发现外地岛已是一座空岛，岛上军民早就撤往冲绳岛了。

13时41分，美军步兵第三〇七团第二营登陆队在海上耽搁半日后，也在屋嘉比岛登陆，消灭残余敌人后占领了该岛。

布鲁斯见5个营顺利登陆，遂命令第三〇七团第二营G连、第三〇五团第一营B连于次日晨分别从屋嘉比岛、座间味岛出发，占领古场岛和安室岛。

3月27日9时11分，步兵第三〇六团的第一和第二营又按照布鲁斯

美军运输机

的命令，在庆良间列岛炮兵火力的支援下，从庆良间列岛最大的岛屿渡嘉敷岛西海岸阿波连突出部的两个海滩突击登陆，未遇敌人有效抵抗。出现这种情况的原因：一是日军没有想到美军会进攻这个群岛，被打了个措手不及；二是日军防御兵力薄弱，无力进行有效抵抗；三是随着战争的发展，日军必胜的信念早已破灭，士气低落，与战争初期根本无法同日而语，在此次战斗中，主岛渡加敷岛上的300多名守军几乎不战而逃，退到岛上的山中。美军只是想夺取一个锚地，并不在意这些日军残部，因此没有组织清剿，而这些日军尽管还有火炮等重武器，但惧怕美军的报复，不仅没有主动出击，甚至连火炮都一炮不发，与美军"和平相处"，直到战争结束。这在以前是无法想象的，日军士气之低，由此可见一二。

登陆后，这两个营的登陆队并肩向北进攻。稍后，作为步兵第三〇六团预备队的第三营登陆队随第一梯队之后在南部海滩上陆，肃清该岛南半部的残敌。经过三昼夜的战斗，美军于29日完全占领了渡嘉敷岛。至此，第七十七师已全部占领庆良间列岛。在这4天的战斗中，美军共进行了15次登陆战斗，其中包括10次由舰到岸的登陆战斗和5次由岸到岸的登陆战斗。美军阵亡31人，负伤81人；日军战死530人，被俘121人。

特纳接到布鲁斯占领庆良间列岛的报告十分高兴，迅速派工兵在那里建立起庞大的停泊场，搭设了浮桥码头。到3月31日，已有35艘美军舰船在庆良间锚地抛锚停泊，这表明庆良间列岛登陆作战的目的完全实现了。这一前进基地的建立，使参加冲绳岛战役的美军舰船得以补给、修理和整顿，从而对冲绳岛之战起到重要的作用。

美军占领庆良间列岛还有一个意外收获，那就是俘获了日军配置在该地的250余艘自杀摩托艇和100余枚人操鱼雷。原来，庆良间列岛是日军的自杀艇基地，日军原准备当美军在冲绳岛登陆时，以这些自杀艇进行夜间特攻的企图随即破灭。

3月31日清晨，美军海军中校吉·杰恩茨奉命率领海军陆战队侦察大队在庆良间列岛与冲绳岛之间的庆伊濑岛接应由坦克登陆舰和中型登陆舰编成的护航输送队，将野战炮兵第四二〇团的两个155毫米口径的加农炮营输送到这个珊瑚礁岛并构设了炮兵阵地。庆伊濑岛距冲绳岛的羽具歧登陆海滩约18公里，距那霸市约13公里，这两个营的24门加农炮能够

即将出击的日本特攻队

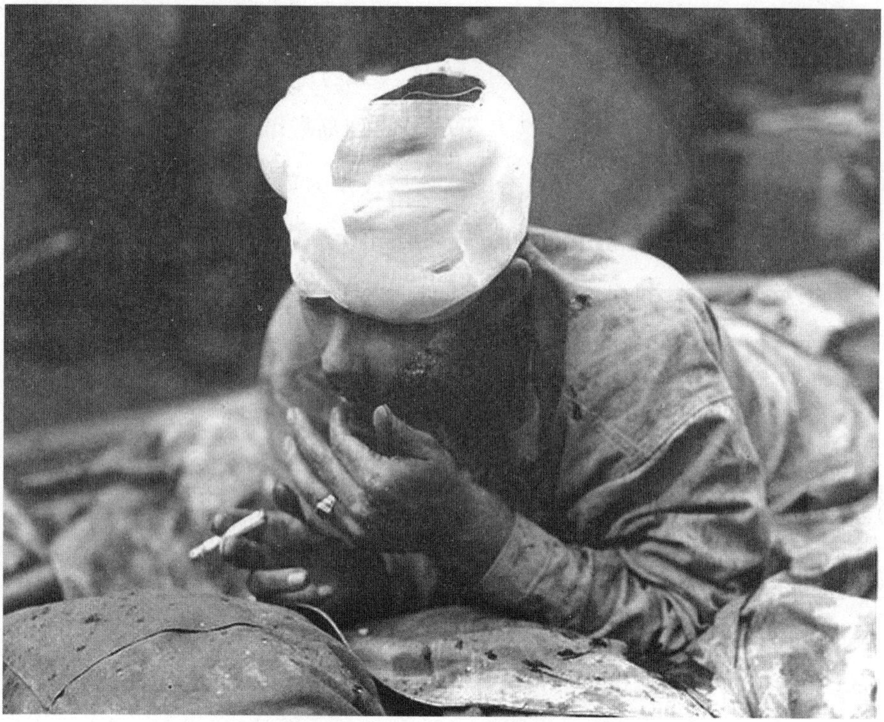

一名受伤后正在吸烟的美军陆战队士兵

有效地控制羽具歧海滩和那霸机场。美军在该岛上部署两个炮兵营的目的是想在登陆冲绳岛时用它来实施反炮兵战和对敌纵深实施拦阻与扰乱射击。

夺取庆良间列岛对保障冲绳战役的胜利起到巨大的作用。此时，特纳的目光投向了这次使命的终点——冲绳岛。他眼前的台历上写着：

1945 年 4 月 1 日（东经日），L 日

日出：6 时 21 分（东京时间）

日落：18 时 45 分

高潮：9 时（潮高 1.8 米）；21 时 40 分（潮高 1.67 米）。

低潮：2 时 46 分（潮高 0. 43 米）；15 时 8 分（潮高 0.21 米）

风向：东南

风力：4级

天气：多云间阴

海浪：3级

特纳抬腕看表，表针指向5时。他提笔在作战日志上写道：“‘冰山’作战开始！”

最后一次登陆大战打响了！

特纳的目光紧盯着台历上的那几行数据，全神贯注地体会着即将到来的这个伟大时刻。他知道自己的军旅生涯已进入倒计时阶段。战争已打到

美军向日军飞机发射的空中火力

了日本人的家门口，很快就要结束了，冲绳岛登陆很可能是这场波澜壮阔的太平洋战争的最后一战。在这最后一战中，留给他施展指挥才华的时间也非常短暂，因为一经登陆，战斗将由第十集团军的巴克纳将军指挥。所以，特纳要抓紧每分每秒打好这一仗，为自己数十年的军旅生涯画上一个圆满的句号。

"将军，登陆前的炮火准备已经结束！"作战参谋安东·布留索夫中校推开门轻声提醒。特纳非常信任这位斯拉夫人的后裔，常与他打桥牌，因此尽管布留索夫打破了他的沉思，特纳却毫无责备之意。他抬眼望了望布留索夫，奇怪地咕哝一句："今天是复活节，这个日子是吉还是凶？"

布留索夫不明其意，但还是小心答道："舰上有蛋和家兔肉。"

复活节是基督教的一个重大节日，是为了纪念耶稣基督在十字架上受刑死后第三天复活的日子。根据传统习惯，复活节要吃复活节蛋，含

美军用火焰喷射器向日军坚守的阵地进攻

有复活再生之意。而美国人认为家兔象征多育多产和人生除旧更新，故而往往还吃家兔肉。布留索夫以为他的顶头上司要庆祝一下，增加一点大战前的戏剧性。

特纳明白了中校的意思，但是摇摇头，他是在想日本人能否凭借地势之利扭转战场颓势而复活再生。忽然，他又笑了："他妈的！真见鬼！日本人根本不信基督教，他们只是推崇'放下屠刀，立地成佛'的东方佛教，他们过哪门子复活节？"

想到这儿，他对布留索夫说道："走，到舰桥上看看！"

此时，庞大的舰队已接近冲绳海岸，天有些阴，冲绳岛被厚厚的云层所覆盖，偶尔才露出一片蓝色的天空。大海在静静地流淌着。

特纳从布留索夫中校手里接过望远镜，远眺岛上的山川：那里是死一般的沉寂，弥漫在海边的炮火硝烟已被东北风吹散。在镜头的视界里，特纳看不到一个人、一门炮、一头牛、一只鸡，一切都在沉默，仿佛岛上的所有生命都消失了。

布留索夫在另一架望远镜中也看到了此番景象。"莫不是我们的炮火准备取得了难以置信的效果？"他在一旁自语道。

★特纳的决心

特纳摇摇头，日军的沉默并不是一件好事，经验说明，越是寂静的岛屿越可怕。日本人很可能藏在坚固的工事内，等待着他们上岛，然后用钢铁和烈火款待他们。1944 年 9 月 15 日发起的帛琉群岛登陆战役的教训太深刻了。在那次战役中，3 个小时的直接火力准备并没有使守岛日军丧失战斗力，美军登陆后，日本人采取"短剑"对"长矛"战术，钻进山洞、坑道进行持久防御，昼伏夜出，打得美军疲惫不堪，伤亡惨重，直到 11 月 27 日才占领全岛（其实，特纳当时还不知道，帛琉岛上的日军始终未被美军全歼，直到1947年4月27日，还有27名日军在与美军作战）。

但是，特纳却十分自信。他放下望远镜，收回目光，脸上露出不易察觉的冷笑。他仿佛是一位高明的棋手，在对方落下一子后，就看透了对方的意图，准备应招了。他手中有足够的兵力和火力，几十万远征军和上万门大炮，足以把敌人消灭殆尽，日本人再顽强，他也奉陪得起。

"直接炮火准备的数据怎样？"特纳转而问道。

布留索夫回答得如数家珍："5时30分，即拂晓前20分，开始直接舰炮火力准备，在10公里的登陆正面上，集中了10艘战列舰、9艘巡洋舰、23艘驱逐舰，共有127毫米以上口径炮630门，平均每公里登陆正面63门，连同177艘火力支援炮艇，共发射炮弹10万余发……"他见特纳似乎漫不经心地听着，又强调一句道："此次炮火准备为我军在太平洋地区所实施的所有登陆作战中火力密度最大的一次！"

"现在几时？"特纳好像并没注意布留索夫的话，问道。

美军坦克登陆海滩

登陆后的美军

"7 时 50 分。"布留索夫回答，"按预定作战计划，10 分钟后，各突击艇波将通过出发线，以每小时 4 海里的航速向各登陆海滩实施由舰到岸运动。第一艇波由水陆坦克编成，后续各艇波由水陆履带输送车编成。出发线距登陆海滩为 3.6 公里，由舰到岸运动以炮艇为先导。各炮艇在开进中将以火箭炮、迫击炮和 40 毫米口径机关炮对岸上目标实施有计划的射击，要求在各登陆海滩 13 米的纵深内构成每 84 平方米落弹 25 发的密度。炮艇在驶抵海滩外的暗礁区后即停止前进，届时它们转移至航道的两侧，用火力支援水陆坦克和水陆两栖履带输送车向海滩突击。在登陆部队突击上陆之前，两批各由 64 架舰载机编成的机群将对各登陆海滩实施密集轰炸，并在舰炮火力延伸后，用机枪扫射海滩直后方的地域。"

布留索夫一口气报告完，口齿清晰，完整正确，毫无遗漏，显示出他是一个称职的作战参谋。特纳满意地点点头又问道："气温多少？""15 摄氏度。"布留索夫回答。"太好了！天遂人意，这个气温对于在丛林中作战的勇士们再合适不过了。准备按原计划登陆。"特纳兴奋地下达命令。8

时30分，美军炮艇的射击开始延伸。此时，云层合缝，蔽住阳光，凉风习习，海浪不兴。特纳抬腕看看表，回身对布留索夫下达命令：“现在开始登陆！”命令下达后，由水陆坦克编成的第一攻击波开始从出发线向岸上挺进，正面宽达13公里，场面极为壮观。先头炮舰上的火箭炮、迫击炮和40毫米口径的机关炮一齐怒射，烟尘遮天，射程达登陆地域1公里纵深。榴弹、迫击炮弹、火箭弹以100平方米落弹25发的比率倾泻在日军滩头阵地。

临近岸边，水陆坦克在无护卫的情况下向海岸突进，同时以75毫米口径的坦克炮攻击正面目标。这时，美军舰载机呼啸而至，掠过海岸，深入登陆地域反复轰炸扫射，太平洋战争中最后一次登陆大战打响了！

无比顺利的登陆

美国海军陆战队第一师第七团少校休伊·莱顿如同一只候鸟，他在国内养伤期间看到美军节节向日本本土进逼，心中烦躁不安，神志恍惚，举止失常。夫人芭芭拉十分焦虑，她知道丈夫的这些奇异变化完全是由于战争日益临近结束的缘故，她太理解他了——莱顿可以没有她，却不能离开战场。于是，芭芭拉想方设法说服医生开了张病愈证明，把丈夫的行李收拾好送他归队。莱顿这才平静如初，与妻子实实在在过了两天温馨的日子，然后起程回到部队。

莱顿归队后，恰逢陆战第一师参加冲绳登陆战役。按登陆作战计划，从残波岬到牧港之间9.7公里的海岸上，以比谢河为作战分界线，美军两个军将平行登陆，比谢河以北划给罗伊·盖格海军少将指挥的海军陆战队第三军登陆；比谢河以南划给约翰·霍奇少将指挥的陆军第二十四军登

日军“大和”号战列舰被击沉，日本联合舰队彻底灭亡

陆。从北到南的滩头标为：红滩、绿滩、蓝滩、黄滩、紫滩、橙滩、白滩和棕滩，共有 4 个师的兵力从这 8 个滩头登上冲绳岛。

莱顿搭乘的“希金斯”号登陆艇靠上了“蓝滩”海岸。冲绳西海岸没有太平洋诸岛屿常见的珊瑚礁，登陆艇可以直接上岸。登陆顺利极了。绞链拔出，前跳板放下，莱顿率领他的陆战连涉过没膝深的海水，向岸滩奔去。两边望去，从北到南是一望无际的灰色舰艇，形态千奇百怪，樯橹密集如林。陆战队第一师的正面分为“黄滩 1 号”“黄滩 2 号”“蓝滩 1 号”“蓝滩 2 号”4 段海滩，每段海滩由 3 艘炮艇提供火力支援。各战斗分界线上均有 1 艘猎潜艇，猎潜艇桅杆上的旗帜颜色与滩头代号一致，炮艇和猎潜艇的后面有 2 艘指挥艇作为水陆坦克和水陆履带输送车的先导，水陆坦克和水陆履带输送车的后面就是坦克登陆艇和机械化登陆艇。每个登陆波次之间由小艇指挥，各团之间又有彩旗艇分界。任何一个军人置身于这片人与钢铁的森林中，都会为登陆组织之严密而赞叹不已。

看着这支庞大的登陆力量，莱顿不禁感慨万千。与两年前培拉瓦登陆作战时的混乱状况相比，美军终于找到了自己特有的作战方法，它的核心就在于美军发挥了自己资源、技术、智力和实力的优势，在自己选择的时间和地点，打一场以自己为主的战争。

美军结结实实地踏上了冲绳岛海滩。到处是被美军炮火摧毁的断壁残垣。莱顿在布满深浅不一弹坑的沙滩上走了几步，小心地派工兵去将一些陡壁炸开缺口，扩宽通路。接着，他们跟在捆着浮桶的谢尔曼坦克后面，踩着松软的沙滩，爬上被舰炮轰塌的石砌防波堤，向内陆冲去。

日军犹如地遁一样，没有任何人冲杀反击，阵地上也很少见到他们的尸首，甚至海岸上也没有埋设地雷场和障碍物。

难道这就是号称固若金汤的冲绳岛？莱顿与其他身经百战的美军官兵一样，实在有些不可理解。4 年前，这个只有美国钢铁产量 1/15、汽车产

冲绳岛海滩

向山头进攻的美军

量 1/50、石油产量仅为1%的贫瘠岛国，曾把战线推至东太平洋，以至于美国、中国、英国、澳大利亚等国用了 3 年时间，才夺回被日本人在半年内强占的空间，倘若日本人当时拥有今天美国的力量，那历史又该如何改写呢？可是，今天却不见昔日日本人的雄风，他们到底准备要什么诡计呢？或者设置什么圈套等着美国人钻呢？不管怎样，这一定是圈套无疑！

美军官兵越过防波堤，穿过堤后齐腰深的大麦，很快向纵深挺进了 400 米，在一座巨大的马蹄形坟墓附近停了下来。坟墓用条石砌成，缺口朝西，面向中国大陆，显然墓主是中国移民的后裔，至死不忘祖先的出生地。

莱顿十分庆幸登陆的顺利，没有遇到守军的抵抗，他有些遗憾，觉得仗打得不够刺激。他长吁一口气，让士兵就地待命。登陆前思想处于高度紧张状态的美军士兵，心情一放松，竟注意起大自然的景色。这时，天气由阴转为多云，杏黄色的太阳穿过云层映照着亚热带地域的草原、沼泽、

美军战地摄影记者随士兵在前线拍摄战斗实况

椰树以及被苍翠欲滴的绿色所包围着的干枯土地。多么美丽的岛屿啊！士兵们呼吸着潮湿清新的空气，竟陶陶然忘记了战争。

这时，一辆吉普车颠簸开来，停在马蹄墓旁，一位胖胖的上校推开车门走下来。

“报告上校先生！第十五陆战连连长莱顿等待您的指示！”莱顿见来者是团长奥勃莱恩，遂快步向前请示。

奥勃莱恩点点头，朝附近走去，没有说话。莱顿与团部的一些参谋们跟在后面。

纵深内的大部分抗登陆工事依旧完好，有的支撑点是塔拉瓦型的半地下火力点，还有一些是德国式防御工事。明治维新时期日本曾实行过军政军令相统一的法国军制。1878 年，日本近代陆军的创始人山县有朋以法国在普法战争中战败为由，废止法国式军制，改为采用军政军令相分离的德国“二元化”军制。从此，日本军队烙上了德国式作战方法的印记。

奥勃莱恩回身向比谢河入海口望去。那里有两块巨大的石灰岩山丘，上面布满蜂巢般的工事。他听说诺曼底登陆战中奥马哈滩头也有一个类似的悬崖工事，它曾把一个整团的美军打得粉身碎骨。然而，在东方的冲绳滩头却没见守军设防，工事筑得好好的，却被放弃了。

“真是他妈的怪事！”奥勃莱恩咕哝着骂了一句，转身对随行的参谋说道，“把团部设在那个坟墓旁，准备夺占读谷机场！”

莱顿在后面报告道：“读谷机场就在阁下正前偏左一点儿方向。”

奥勃莱恩拿起挂在胸前的望远镜，向莱顿指示的方向望去，果然看见了读谷机场。机场上有4条跑道，主跑道上停着许多破飞机，塔台和其他地面设施似乎都完好无损，他情不自禁地说道：“这是一个真正的机场！”

“不惜一切代价立即占领那个机场！”他命令道。

两名日本儿童在一个废弃的墓穴里躲避战乱，这里离前线只有50米

“可是上校先生，读谷机场是在陆战队第六师的作战区域内，我们团只能攻击机场南端突出部，是否与友军协同一下？”作战参谋托尼少校提醒说，“我们是否暂时就地构筑防御阵地？”

“不用了，这个头功我抢定了，”奥勃莱恩转脸盯着莱顿说道，“还等什么，我的少校，难道还要让我把你抬上读谷机场？”

莱顿听后，挺胸敬礼说道：“是，阁下！我立即执行您的命令，向机场进攻！”

奥勃莱恩把指挥车开到读谷机场300米处，下车登上一块高地。这时，他的部下已向读谷机场发起冲锋，打到了机场外围。冲在最前面的莱顿发现机场静悄悄的，日本人如同躲在云雾之中，不见丝毫动静。他大为惊异，难道这么重要的战略目标会轻易拱手送给对方吗？日本人难道不知道，一旦美军陆基飞机使用了读谷机场，冲绳海域的制空权就必属美军无疑了吗？

莱顿不敢再贸然前进，因为太容易到手的东西往往蕴藏着危险。他担心日本人设下欲擒故纵的圈套，于是火速向奥勃莱恩报告请示。

奥勃莱恩也搞不清日本人在玩儿什么鬼花招。他过去从不知道东方有个日本国，只是这场战争才使他知道了这个东方的岛国，并发现日本人与西方人有明显的不同：西方人认为大眼睛美丽，而日本人则认为大眼睛可怕，眯缝的眼睛美丽；西方女人羞于赤脚走路，而日本女人不论贵贱，都喜欢光脚走路；西方人小时候先学读后学写，而日本人小时候先学写后学读；西方人死了，头发原封不动地安葬，而日本人死了，不论男女，都把头发剃掉埋葬；西方人切瓜竖着切，日本人则横着切；西方人是骑马作战，而日本人在非战不可时，却从马上下来……他真不知道眼下这次犹如常规演习般的不流血登陆是吉兆还是凶兆？不管怎么说，先占领读谷机场后再考虑下一步的行动吧！

很快，莱顿跑来报告：“我们已于15时占领了读谷机场，破坏轻微。未遇敌人抵抗，甚至根本找不到敌人，只抓来附近的一些村民。”

奥勃莱恩见一群惊慌失措、战战兢兢的日本百姓在刺刀的押送下走了过来，便带着翻译上前讯问日军的去向。无奈这些老弱妇幼什么都不知道，一老者说，昨天还看见他们的军队在机场挖工事，今天早上就看不见人影了。奥勃莱恩有些丧气，挥挥手让士兵把他们带了下去。

这时，一阵炮声裹着炮弹落到了机场，爆炸的气浪令人心惊。奥勃莱恩先是一惊，以为是日军反击，当他弄清楚是美军舰艇进行的火力支援后气得大骂：“叫他们停止射击，这里没有目标，再发炮就伤到自己人了！”

★美军的忧虑与困惑

海岛的夜深了，却不静谧。

登陆当天如入无人之境的美军官兵安营扎寨，进入夜间防御工事。他们担心日军会发动夜袭。各登陆滩头阵地如同狂欢节般热闹，青白色的泛光灯和探照灯的灯光把海滩照得雪亮。临时架起的高音喇叭在反复播音：“明日有大浪涌，赶快卸货，天亮前各运输船撤到海岸外！”声音刺耳而急促。夜空下，运输兵如蚂蚁般地忙碌着，他们熟练地使用各种起重机，把炮弹和子弹箱、酒箱、食品箱、药品、帐篷和毛毯、汽油桶、车辆等各类作战急需物资从军火轮和运输舰上吊到小艇上。小艇开上海滩卸下物资，顿时把滩头弄得杂乱无章，堵塞了道路。在此情况下只得用推土机开路，一些卸下的物资很快在履带下成了废品。但是，时间就是一切，这些损失相比之下也就不算什么了。

作战部队的宿营地虽没有滩头那般热闹，却也不安静，官兵们三五成群地聚在一起，议论着白天的“不可阻挡的”登陆势头。莱顿打开罐头、啤酒，吃着香肠、面包，与众部下说笑进餐。

向地面进行火箭弹攻击的美军战斗机

“长官，我做了流血的准备，却没有和敌人交火，莫不是日本人想投降了？”中士杰克问道。

“这可没准，说不定哪儿来一颗冷弹，把你的脑袋穿个窟窿，让你凉快凉快。”上士托尼笑着取乐，手里的香肠只剩小半截儿。

“别抬杠。我是说不久前东京那把大火把日本人给烧怕了，日本人的骨头再硬也硬不过钢铁。假如我是他们，就交枪投降。”杰克喝着啤酒说道。

“别异想天开了，我的新兵蛋子，”托尼擦了一把下巴上沾的面包屑说：“别高兴得太早，日本人没有死的概念，对付他们的唯一手段，就是杀光他们，否则，他们就会扑上来，活吞了你。”

莱顿没有参加部下的争论，不过托尼最后一句话却引起了他的重视。是的，官兵们上岛前都准备流血，都准备血战一场，神经高度紧张。可是却没有流血，也没遇到血战的对手，神经自然就放松了。这是最危险的倾向。他想到：紧张如同冰雪，一旦融化，就很难再冰冻。好比一个准备自杀的人，对死神已是毫不畏惧，但是一旦他被人救下，死里逃生，便再难去死。莱顿环顾一下四周，只见部下在篝火旁舒腿展臂，尽情说笑，毫无紧张之意，不禁忧从心来：托尼说得对，日本人一定会让我们流血甚至活吞了我们。如果这是真的，部队因未遇强敌而产生的松懈情绪，会致我们于死地！想到这儿，他吞下最后一片面包，站起身叫道：“全体官兵立即就寝，不得肆意喧哗说笑！”说罢，他向团部走去，想把自己的隐忧向奥勃莱恩谈谈。他希望上司能重视这个问题。

其实，何止莱顿如此忧虑，美军登陆作战指挥部的将军们也对第一天的顺利登陆颇感意外。登陆后即从特纳手中接过作战指挥权的第十集团军司令巴克纳中将简直不敢相信前一天日终时的作战报告：“美军已建立了一个正面13公里、纵深4.5公里的登陆场。完成登陆的兵力已超过6万人，包括第一梯队师的预备队。师炮兵部队在师预备队之前上陆，日终前，各直接支援炮兵营均已进入发射阵地。”令他更难以置信的是，日本人明知读谷机场将很快被美军利用，却不加抵抗就把它放弃。

他知道部队普遍存在着疑惑、轻敌、松懈的思想，心中也感到焦虑：明天究竟应怎样行动，是就地转入防御，还是向纵深推进，发展进攻？他苦苦思索着。倘若敌人采取诱敌之策，在前面某个地域设下埋伏圈套，那么贸然进攻就意味着白白送死；但假使就地转入防御而使敌人有时间从容建立起新防线，岂不悔之莫及？巴克纳深知时间的重要，在一定条件下，战场上谁赢得了时间，谁就赢得了胜利。敌人的不抵抗确实是出乎意料，怎样看待和战胜这个意外呢？巴克纳突然想起在西点军校求学期间学过的克劳塞维茨的一段话：“战争是充满偶然性的领域。人类的任何活动都不像战争那样给偶然性这个不速之客留有这样广阔的活动天地，因为没有一种活动像战争这样从各方面和偶然性经常接触，偶然性会增加各种情况的不确实性，并扰乱事件的进程……要想不断地战胜意外事件，必须具有两种特性：一是在这茫茫的黑暗中仍能发出内在的微光以照亮真理的智力；

日军“屠龙”式双发战斗机

二是跟随这种微光前进的勇气。前者在法语中被形象地称为眼力，后者就是果断。”

想到这里，巴克纳的心中豁然敞亮，无论怎样，不能再为意外的顺利所困惑，必须继续向纵深推进。否则，即使敌人不反击，部队的战斗力也要下降。想到这里，巴克纳向全军下达了次日向纵深发展进攻的命令。

喧闹而困惑的一夜过去了，美军迎来了4月2日的黎明。

7时30分，美第十集团军各部队在统一号令下，向冲绳岛纵深全线推进。天气晴朗，日军仍无反击。

第十集团军的右翼陆军第二十四军步兵第七师第十七团于14时占领了东海岸上瞰制中城湾之各高地。冲绳岛的形状，其北部像英文字母“T”，其南部像英文字母“W”。“T”的顶端是本部半岛。“W”的两个缺口是金武湾和中城湾。“T”和“W”的连接处是石川地峡，第十七团占领了中城湾，等于将冲绳岛一切为两半。步兵第七师第三十二团的坦克群击毁日军在胡屋南部的各据点后，与第十七团并肩向东海岸推进。第二十四军步兵第九十六师的进攻地段凹凸不平，丘陵、废弃的洞窟阵地、散兵壕、地雷场、反坦克壕密布，因而进攻开始时进展缓慢。但是，后来该师突破了桃原地区日军的阵地后，进攻速度加快，第一梯队两个团于当日结束时前出到伊佐北侧1公里的普天间、喜舍场和岛袋一线。

第十集团军左翼的海军陆战队第三军第六师第二十二团开始扫荡渡具知西北半岛残波岬。特纳将军准备在此配置他的雷达部队并以此地作为登陆作业中心。10时25分，该团第一营占领了这片海岸地区。该师第四团穿过起伏不平的地形向前进攻，途中遭到小股日军抵抗，加上地形不利，故而进展较慢，日终前只推进了1公里多。该军第一师的两个团兵分两路

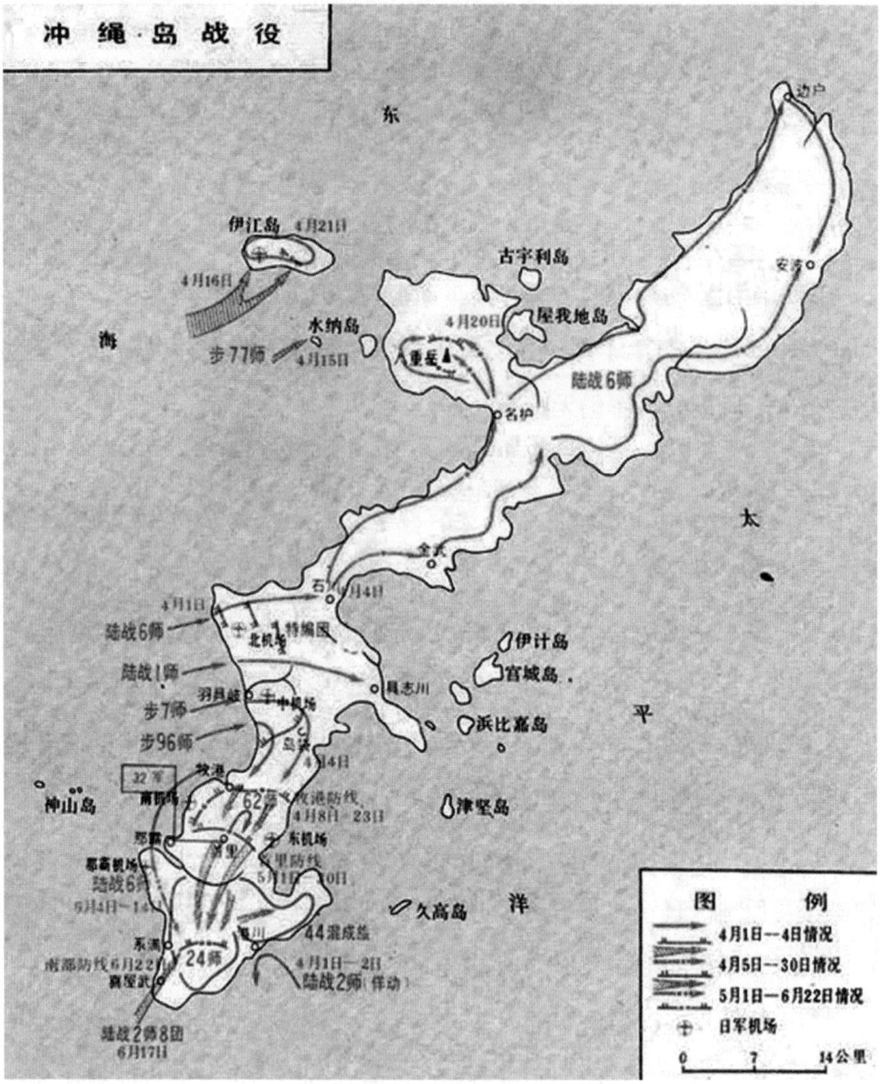
冲绳岛战役
东
海
太
平
洋
伊江岛 4月21日
4月16日
水纳岛
步77师 4月15日
古宇利岛
屋我地岛
4月20日
陆战6师
名护
边户
安波
4月1日
陆战6师
陆战1师
步7师
步96师
特编团
北机场
中机场
4月4日
伊计岛
宫城岛
浜比嘉岛
32军
神山岛
62师
4月8日—23日
东机场
津坚岛
久高岛
44混成旅
24师
4月1日—2日
陆战2师（佯动）
陆战2师8团
6月17日
图例
4月1日—4日情况
4月5日—30日情况
5月1日—6月22日情况
日军机场
0 7 14公里

冲绳岛战役示意图

齐头并进，但因补给跟不上，进展亦十分迟缓。

与此同时，美军第六工兵团在读谷机场展开作业，修复跑道及通路。15时，第一架美军飞机——海军陆战队第六观测大队的观测机安全抵达该机场。

至4月2日日终时，第十集团军各师前线指挥所均从舰上移至陆地，美军占领了海岸附近各高地，日军已无法监视美军的动向和配置，解除了对美军登陆作业的陆上威胁。

但是，美军仍未同日军的正规部队接触，他们只是俘获了大批日本平民。这些平民惊恐交加，蜂拥越过陆军和海军陆战队的战线，在接受盘讯和检查之后，被送到美军后方集结所，美军情报人员虽然细致地盘问了他

美军登陆冲绳岛

们，却得不到有用的情报，日本平民只是笼统地说他们的军队都向冲绳岛南部转移了。4 月 3 日，第十集团军的两翼开始向冲绳岛南北两个方向卷进攻击。约翰·霍奇少将的第二十四军留下步兵第十七团巩固现有阵地，集中主力向冲绳岛南部发展进攻。该军第三十二团沿中城湾南下，在久场岛与日军正规部队遭遇，双方进行了登陆以后的首次大战。美军凭借火力

美海军陆战队士兵在读杂志放松

优势，在坦克群的支援下，奋战半日，终于占领该阵地，歼灭日军385名官兵。该军第九十六师在向165高地进攻时也遇到敌人的顽强抵抗，虽血战数小时，却未能攻克，只得向右迂回，于日终前占领了喜舍场、安谷屋、普天间和伊佐等地。

同日，海军陆战第三军在罗伊·盖格海军少将的指挥下向东北方向发展进攻。该军第一师的先头部队在克服了日军的微弱抵抗之后，于16时占领了具志川。该师的侦察连已前出至喀清半岛。该军第六师费尽千辛万苦，突破无数凹凸不平的洞窟地域，才向前推进了3～7公里。日落时，该师左翼已前出至石川地峡。整个战斗进程比预定计划提前了12天。

巴克纳闻讯后大为高兴，决定修改原定作战方案，命令盖格继续向北进攻，占领冲绳岛本部半岛。

盖格接电后有些踌躇，因为原计划冲绳岛陆上作战分两期完成，第一期作战是先占领冲绳岛南部地域，第二期作战才是占领本部半岛和冲绳岛北部地域。巴克纳的命令显然是企图在第一期作战刚开始时就提前实施第二期作战计划。

巴克纳果断地告诉盖格："人是计划的制定者，而不是计划的奴隶，懂吗？我的将军。"

盖格只得服从命令，指挥他的部队在4日大胆向前推进。至是日日终时，陆战队第六师已完全占领了仲泊和石川市，切断了石川地峡；陆战队第一师也前出至东恩纳、安庆名一线。此后，盖格继续进攻。10天内前进40公里，到达了本部半岛的先端。4月13日，陆战队第六师第二十二团占领了冲绳东北部的边户岬。

顺利的陆战使美军官兵暗自庆幸，他们谁也没有意识到，一场激烈的海空大战正悄悄来临。

被战火笼罩的庆良间列岛

被美国飞机轰炸后的日本城市——滨松

准备降落的两架美军轰炸机

“大黄蜂”号航空母舰上的高炮

被美国飞机轰炸后的日本城市——久留米

第四章

日本海军的覆灭

★美军在冲绳岛登陆的消息很快传到了日本国内，朝野内外一片震惊，尽管已是预料之事，但日本人仍惊恐万状。冲绳岛距日本本土太近了，一旦失陷则本土难保，所以日本军政要员纷纷要求，即使战斗到最后一个人，也要守住冲绳岛。

★“菊水”乃是“水上菊花”的缩略语，这个名字怎么会同残忍恐怖的自杀性攻击联系在一起呢？原来，在14世纪时，日本有一个著名武士，名叫楠木正成，人称“水上菊花”。在一次众寡悬殊的战斗中，楠木正成不畏死亡，立誓“以身报国”，最后与敌人同归于尽，从而成为日本武士的精神象征。

★翻江倒海般的巨响，终于把这艘“永不沉没的战列舰”送入海底，从而永远结束了日本海军大舰巨炮的时代。

★经过4天的浴血奋战，美军终于攻占了这座岛屿。至此，美军步兵第七十七师阵亡239名官兵，失踪19名官兵，伤残879名官兵。

★这个消息使得巴克纳等人大为惊讶，他们实在不明白为什么日军会放弃这个几天前美军费了九牛二虎之力也未攻克的高地？

日本内阁的危机

美军在冲绳岛登陆的消息很快传到了日本国内，朝野内外一片震惊，尽管已是预料之事，但日本人仍惊恐万状。一旦距日本本土太近了，冲绳岛失陷则本土难保，所以日本军政要员纷纷要求，即使战斗到最后一个人，也要守住冲绳。首相小矶国昭气势汹汹地在国会上叫嚣：“必须把美军从冲绳岛赶出去，然后再收复塞班岛和其他据点。”

可是，日本陆军却不买他的账，参谋总长梅津美治郎对冲绳岛最高指挥官牛岛满“诱敌上岸，持久作战”的方针，虽不同意，但也无可奈何。他对小矶国昭私下暗示陆军无能极为不满，因此借口冲绳作战方针已制定好，怎么打完全依靠牛岛满，他不便过多插手，以此搪塞小矶国昭。

但是，日本人却把冲绳岛战事不利归罪于内阁，掀起了一个“倒阁运动”。小矶国昭起初还试图竭力挽救他的内阁，八方解释，却无济于事，一气之下，他于 4 月 5 日正式向天皇提出辞职。

天皇颇感为难，派他的亲信、内大臣木户幸一征询军方意见，试图成立一个“战争指导内阁”。他对参谋总长、陆军大臣、海军军令部长、海军大臣说：“这个内阁的首相当然应是一位军人，不但要能控制国务，还要能控制最高统帅部。”

然而，陆军对成立这样一个内阁反应冷淡。梅津美治郎叹道：“冲绳岛的战况很糟，帝国军人即使打到最后一个人，也难阻挡住敌人。尽管如此，也必须准备打到底。”

陆军大臣杉山元也悲观地说：“冲绳岛不守已成定局，帝国的安危不能系于此岛，倘若斯大林打败德国后能向同盟国建议与日本讲和，帝国还

1945 年 3 月，美海军陆战队两栖车辆在岸边

有一线希望。”

军令部长及川古志郎海军大将说得更是直截了当：“无论成立怎样的内阁，都不能把希望寄托在冲绳岛，我不相信冲绳岛一战如果打胜就能结束战争的神话！”

木户幸一听后神色黯然。这三个人的意见表明，统帅部私下已认识到战争是打不赢的。虽然海军大臣米内光政海军大将没有发言，但木户幸一知道米内光政主张立即与美国和平谈判，以结束战争。

这时，米内光政清清喉咙说道：“我想木户幸一阁下的意见是对的，根据您的意见，我看铃木贯太郎海军大将出任新首相再好不过了。”

木户幸一一听，更加清楚米内光政的心思。他知道曾担任过天皇侍卫长的铃木贯太郎是军方的“温和派”，虽年逾八旬，却力主和谈。木户幸一见 4 位军方巨头对继续战争已无信心，也只得默认，遂将军方意见呈报给天皇。

天皇见状，立即召集群臣商议新首相人选。众臣进入皇宫，却看见前

昭和天皇的谋士和替身木户幸一

首相、主战派首领东条英机大将也出席了这次会议，众人心中不觉一惊，知道会上会有一番舌战，因为东条英机反对任何主和派人选。

果然，会议一开始，东条英机就率先发难道："小矶国昭的辞呈声称，无论是国务还是统帅机构都需要改正，这是什么意思？"

"小矶国昭首相没有加以专门说明。"木户幸一回答说。

"我认为，战争期间政府更迭频繁不好，"东条英机以挑战的口吻说，"下届内阁必须是最后一届！目前，国内有两股思潮：一派认为为了确保国家的未来必须打到底；另一派则想迅速实现和平，即使无条件投降也在所不惜。我认为我们必须先解决这一问题。"

"下一届内阁必须考虑各种各样的问题，"海军大将冈田启介说道。冈田启介是铃木贯太郎的好友，他曾在1936年发生的"二·二六"政变中死里逃生。他反对说："这是一届肩负日本命运的内阁，它将集结国家的全部力量，和战问题不能在这里决定。"

室内一时陷入沉默，气氛紧张。这时，前内务大臣平沼骐一郎出来打圆场道："战争一定要打到底，但今天应该先讨论新首相的人选。"

枢密院议长铃木贯太郎提议让前首相近卫文麿出山，再次组阁。但是，近卫文麿却力辞，他说："我曾先后历任3届内阁首相，在任期间错误颇多，辜负了天皇陛下与帝国臣民的期望，不便再次组阁。”

平沼骐一郎道：“近卫君所言不无道理。我提议铃木议长组阁，不知可否？”

“我同意！”近卫文麿附和道。

但是，铃木贯太郎却不同意，他说：“我记得我曾向冈田君说过，如果军人掌政，必定会把国家引向灭亡。罗马的覆亡、德皇威廉二世的下野和俄国罗曼诺夫王朝的命运都证明了这一点。鉴于这个原则，我不能接受这个荣誉。另外，我的听觉也不好。”

“但是帝国君臣信任您的正直和忠诚。”平沼骐一郎仍请求他重新考虑。

这时，东条英机又起身发言。虽然他认为铃木贯太郎是个优秀的军人，又是个虔诚的道教徒，没有野心，但是早已退役，不符合他所坚持的军人应过问政治的观点，所以反对道：“敌人登陆冲绳岛乃进攻本土之先声，因此保卫帝国本土之准备工作已迫在眉睫。政府和统帅部必须融为一体，首相必须由现役军人出任才行，我提议畑俊六元帅出任首相。”

天皇垂询道：“广田弘毅，你有何见解？”

前外交大臣广田弘毅为人圆滑，不愿得罪好友东条英机，遂奏答：“还需大家从长计议。”

日本第三十二任首相广田弘毅

天皇有些不快，转而问冈田启介道：“请你发表意见。”

冈田启介除了铃木贯太郎以外，不想提别人，于是说：“我不知道还有什么合适人选，所以没什么好说的。”

这时木户幸一发言道：“如东条君所说，帝国本土不久将成为战场，新内阁必须得到全国的信任，我个人意见，希望铃木阁下出马。”他转脸对东条英机说，“我们必须以更广阔的视野来看待时局。”

东条英机闻言大怒道：“那恐怕会使陆军不服，如果是这样，新内阁就会垮台！”

木户幸一被这句话激火了，他问道：“陆军不服是严重的，那么阁下是否也这样想呢？”

“我不能否认这一点。”东条英机寸步不让。

东条英机的高压态度惹火了冈田启介，他愤怒地大声责问：“在这样一个危急关头，一个当过首相的人怎敢说陆军会不服呢？”

日本第四十任首相、陆军大将东条英机

会场气氛极为严肃，东条英机被孤立了，他亦知话说得过了头，遂改口说道：“对不起，我收回刚才的话。我的意思是说，陆军不会同意这样的人选。”

这时，天皇起身道，“诸君莫再争执，我命令铃木先生组阁。”说罢，他面向铃木贯太郎道：“在此紧要关头，除你以外，没有人能担当此任，大胆干吧。”铃木贯太郎只得应允组阁。天皇又说：“冲绳岛战事堪忧，望诸位竭尽全力，务使战火止于冲绳岛。”铃木贯太郎奏道：“我将即刻与陆海军商议此事，请陛下放心。”

一场内阁危机终于平息了。不管八旬老翁铃木贯太郎多想停战媾和，但因时机未到，他不敢冒得罪主战派的风险去寻求和平。这位曾参加过中日甲午战争、日俄战争的日本老军人，非常清楚他的同僚的残忍。倘若真把那帮歇斯底里的主战派惹火，他连性命都难保。他知道，眼下只有一个人才能保证宣布停战和谈而无性命之虞，这就是天皇。他已老矣，实在不想冒身首分离之险。

铃木贯太郎组阁后，即与统帅部众巨头商议冲绳岛战事。

新任陆军大臣阿南惟几大将首先开口说道：“据报，第三十二军司令官牛岛满虽放敌上岸，但已在冲绳岛腹地布下层层防御网，我想美军很快就会尝到苦头，即使他们占领了冲绳岛，也会尸横遍野。”

海军大臣米内光政斜了阿南惟几一眼，说道：“问题不在于让美国人死多少，而是如何能守住冲绳岛，因为它对帝国本土的安全实在太重要了。据海军报告，牛岛满将军按兵不动，一味坚持‘放敌上岸’的方针，丧失了抵抗登陆作战的最好时机，使敌人从容登陆上岸，迅速占领机场，切断岛上守军南北的联系，使我军陷于被动，这样做何以面对国民？！”

日本陆海军向来不和，平时争权争利，遇有战事，又互相攻讦指责。梅津美治郎参谋总长虽然也对牛岛满作战不利不满，但却要维护陆军的名誉，听到米内光政的责问，马上反诘道：“牛岛满将军放弃‘歼敌于水际’方针的结果究竟如何，尚须时日检验，现在下结论未免过早。不过，即使牛岛满有作战失利之责，也不过是在陆上。而抗登陆作战最关键的还是在海上。请问阁下，4 月 1 日之前，你们海军都在哪里作战？”

米内光政顿时语塞。

梅津美治郎更加得意，继续说道：“据我们陆军所知，美军登陆当天，给予敌舰队打击的是我们的陆军航空兵。”

★梅津美治郎的资本

梅津美治郎指的是4月1日6时50分英国皇家海军第五十七航空母舰特混舰队遭到的日机攻击。

太平洋战争爆发初期，英国在太平洋和印度洋的海上力量丧失殆尽。1944年，随着欧战的形势愈来愈有利于盟军，英国首相丘吉尔也愈来愈想建立英国太平洋舰队，参加太平洋战争。是年9月，丘吉尔在魁北克会议上正式向美国提出了这个问题。起初，美国军方不愿英国人分享胜利成果，以后勤补给有困难为由，反对英国海军此时参加太平洋战争。但是，脾气倔强的丘吉尔坚持己见，并提出英国皇家海军太平洋舰队自己负责后勤补给。罗斯福从战争全局考虑，不愿使丘吉尔过于难堪，便说服了军方，同意英国海军参加太平洋的对日主要作战。于是，1944年11月22日，英国正式成立了太平洋舰队，司令官为原任皇家海军印度洋东方舰队司令的福莱塞海军上将。

关东军司令、末任参谋总长梅津美治郎

1945年1月16日，

根据美英参谋长联合委员会的指令，英国太平洋舰队副司令伯纳德·罗林斯海军中将率领4艘航空母舰、2艘战列舰、5艘巡洋舰和15艘驱逐舰以及250架舰载机，编成第五十七特混舰队，列入美军战斗序列，驶离锡兰港前往澳大利亚，准备在“冰山战役”中显露身手。

3月23日，这支舰队离开乌利西基地，奉命驶向先岛群岛，轰炸岛上日军各机场，为即将开始的冲绳岛登陆作战肃清空域。3月26、27和31日，英海军舰载机顺利地轰炸了先岛群岛最东边的宫古岛上的日军各机场。但是，当冲绳岛作战正式打响后，英国舰队却遭到了日军航空兵的袭击。

4月1日6时50分，英国海军航空母舰编队司令维安海军少将刚把他的舰载机送上天，准备继续轰炸日军岛上机场时，突然接到空袭警报，大批日军陆基飞机从先岛群岛各机场起飞，已抵达航母编队正西75海里处。维安大惊，急忙命令出击的护航战斗机前去截击，双方在距编队40海里的空域展开了激战。日机冒着弹雨，不顾一切地冲破英机的空中拦截网，窜至编队上空，疯狂地向英舰轰炸，重创英军的“不屈”号航空母舰和“大衣”号驱逐舰。这是冲绳岛战役开始当日日军唯一的一次有效作战，执行此次作战任务的就是日本陆军航空兵。梅津美治郎以此为例，就是想揶揄海军。

海军军令部长及川古志郎非常明白梅津美治郎的用意，他早已获悉这次空袭的情报，虽然英国舰队受到一些损失，却有惊无险。中午时分，英军就开始反击，连续轰炸先岛群岛中的各机场，将大部分日机摧毁于地面，建立起一个掩护冲绳岛登陆的强大南方屏障。日本陆军并不像自己吹嘘的那样取得了什么赫赫战果。

所以，及川古志郎说道：“梅津将军所言极是，但是遗憾的是陆军航

英军的"不屈"号航空母舰

空兵的损失也过大，同英国舰队的损失相比，是否得不偿失呢？"

梅津美治郎听后，脸色涨红，争辩道："我只是想提醒阁下注意我们陆军的力量！"

及川古志郎两手一摊，轻蔑地回答："我们并不否认这点，将军何必如此激动。"

阿南惟几坐不住了，怒气冲冲地说道："你们海军争得了那么多钢铁和飞机，为何战争形势依旧如此糟糕？！"

米内光政一听阿南惟几又提起陆海军争夺飞机与钢铁分配数量的问题，亦大声道："不要忘记，本年度陆军分配的飞机比海军要多1000架，你们的航空兵都干什么去了？！请问阁下，如果把所有的飞机都给你们，陆军就能改变战争形势吗？"

铃木贯太郎见双方争执不下，力劝道："时局艰难，望各位本着陆海一家之心，心平气和议事，万不可争吵。我们眼下应重点讨论冲绳岛的战事。"他暗示大家不要离题太远。

一提到冲绳岛，陆海军巨头又默不作声了。他们心里都意识到没有什么灵丹妙药能够挽救冲绳岛的危亡，任何对策充其量不过是为延缓冲绳岛沦陷的时间而已。

过了许久，及川古志郎开口说道：“两军作战除物质力量外，决定胜败的还有心理。据说，美国人非常惜命，如伤亡过大，国内民众会起而攻

美国海军陆战队队员给羊羔喂水

日本士兵在吃饭

之，所以我想还是发扬帝国臣民为圣战尽忠尽节之优秀品质，对敌人实施特攻，一人换十人，一机换一舰，以我们英勇无畏之精神，给敌人强烈心理之震撼，或许还有扭转战局之可能。”

铃木贯太郎征询陆军首脑意见，梅津美治郎同意说：“及川将军此意乃良策，听说牛岛满将军已准备了大批陆上特攻队，准备冒死与美军相拼。”

及川古志郎道：“联合舰队第一航空母舰编队司令官大西泷治郎海军中将已在四国岛海军航空兵学校成立特攻队员训练班，班内学员莫不踊跃参加特攻攻击，我们有信心达到预定目的！”

就这样，日本陆海军首脑结束了又一次争吵，一场惨烈的自杀特攻行动即将降临在冲绳岛上空！

“菊水特攻”：用生命换取荣耀

海军少尉青木保宪是东京人，今年才22岁。青年都有青春的梦，但是战争却使这个梦破灭了。

青木保宪自幼喜欢昆虫，收集过许多昆虫的标本，时常一个人藏在野外，欣赏着玲珑素雅的凤蝶的舞姿、辛勤蜜蜂的劳作、翠绿蝈蝈的欢叫。中学毕业后，他考入中国台湾农林专科学校，在这块日本殖民地上攻读昆虫学。

然而，正在这时太平洋战争爆发，为满足战争需要，日本的征兵范围扩大到了大学生，中国台湾农林专科学校广告栏赫然贴着征兵令。

“参加圣战去，不再做莘莘学子！”被战争初期的胜利激励起的狂热情绪感染着每一位日本青年学生，青木保宪亦不例外。他看完征兵令，悄悄拉着同窗女友上贺幸子跑到郊外，躺在绿草如茵的地上，倾吐自己的愿望。

碧绿的草地犹如一片广阔无垠、绝顶艳丽的花坪，盛开着乳白色的、姜黄色的、蓝色的、紫色的以及其他一些叫不出颜色的小花。可是上贺幸子毫无兴趣领略这色彩斑斓的自然风光，她为自己的恋人即将远行从军而难过。

“青木君，你真的决定了？”幸子不相信这是真的，她知道青木保宪很爱她，要不然怎么会从众多女孩子中挑上她？她知道许多女孩子都喜欢青木保宪，当她们知道青木保宪恋上了自己，目光中常常流露出嫉妒之情。她多么希望青木保宪否认，留下来继续完成学业，毕业后就与自己结婚，她决心要给青木生好几个孩子。

1945 年日本海军学员的早餐，圆圈里面是白砂糖

“对，我决定报名参军，”青木保宪轻轻把幸子揽在怀里，神色庄重地回答，“我是一名帝国男儿，应效命沙场，你应把这作为最高的荣誉。”

幸子委屈极了，偎在青木保宪身旁，紧紧搂住他，嘤嘤地哭了。她深深挚爱着眼前这个美男子。她舍不得自己内心的白马王子走出宁静的书斋，奔向用血肉与钢铁拼搏的战场。可是，青木保宪的话却无情地把传言浇铸成了可怕的现实，她知道几天后应征入伍者就要走了，一个女子不可能拉住麻醉在战争酒精中的男人心。她开始痛恨战争，是战争把他从自己身边拉走；她也怨恨青木保宪，是他执着地支持战争！

几天后，青木保宪随应征入伍学生离开了学校，进入海军服役。因为他是大学生，不久就被送去学飞行。毕业后，他被调到四国岛上的高知海军航空兵学校任航空教官。他很喜欢这个专业岗位，因为在这里可以为国家培养许多优秀飞行员，这比直接到战场上拼杀起的作用更大。因此，他认真备课，认真授课，遇有反应较慢的学生，更是详细讲解。他知道，一名飞行员必须具有足够的理论知识和实践经验，否则，一旦在天上出事则悔之晚矣。他认为理论知识和实践经验的取得是与时间成正比的。

可是，他万万想不到，他的这个观点竟被田边川一给否定了。

1945 年 3 月的一天，青木保宪刚下课走出教室便听到有人叫他，回头一看，原来是自己的航空教官田边川一海军少佐，他十分高兴，上前敬礼，然后问道："老师，您怎么到这儿来了，您现在不是在第一航空母舰舰队任职吗？"

田边川一听后神秘地笑了笑，说道："离开航校后，我就到第一航空母舰舰队司令部任航空参谋了，今日返校是执行一项特别任务。"

"哦，有什么事情需要学生帮忙吗？"青木保宪问道。

"这里说话不方便，我们进房里再说。"青木保宪听后，赶紧把老师领进自己的宿舍，让茶看坐，说道："有什么事，请老师尽管吩咐。"

田边川一叹道："青木君，帝国已进入最危险之时刻，战争已打到我们国家的门口，倘若敌人占领本土，大和民族则将从人类数千年之文明史中消失。为了救国家于危难，拯民众于水火，大西泷治郎司令官让我回来招募神风勇士，对敌人实施特攻，有些事情尚要请你帮助。"

"神风勇士？"青木保宪有些奇怪。他知道特攻就是自杀性攻击，这个名词在近一年中屡见于报端，但为什么叫"神风勇士"？与我有什么关系？我又能帮什么忙呢？他暗自猜想着。

田边川一似乎看出他的心思，慢慢解释道："除这次大东亚圣战外，唯一对日本本土构成严重威胁的战争发生在几百年前。13 世纪末，中国皇帝忽必烈曾两次率蒙古舰队攻打帝国本州岛。但是，途中天公震怒，海上刮起神风，将中国舰队掀入海底。大西泷治郎将军给特攻队取名'神风'，就是希望他们能救帝国于水火。目前，敌兵强大，越岛作战，日逼

日本第七十二振武队队员

本土。美军登陆完全依赖于其强大的海空部队，而帝国海军自莱特大海战后，已无力再以正常作战方法与敌夺取制海权。有鉴于此，大西将军决定成立神风特攻队，招募志愿者，略加训练，即驾机升空，以血肉之躯，一机换一舰，夺回制海权。”

青木保宪明白了“神风”的含义，但他仍对训练特攻飞行员的时间之短感到惊讶：“老师，您是专家，您说几个月的训练能培养出一个飞行员吗？”

“不，不是几个月，而是用一周的时间，就要让那些从未摸过飞机的勇士们驾机上天！”田边纠正道。

“什么？一周的时间，这不是在开玩笑吧？！”青木保宪简直有些不相信自己的耳朵，以为他说错了。

“对，一周的时间！”田边川一冷冷地回答，“你应该明白，他们是神风勇士，而不是飞行员。对他们的要求很简单，能上天就行，他们将一去不返！”他站起身告诉青木保宪，“人员我已招齐带来了，明日你就训练他们。7 天后，我来领人！”

说罢，田边川一推门走了，青木保宪呆呆地望着昔日教官的背影，说不出一句话来。战争怎么会打到这个地步，要用血肉去撞击钢铁？

“他们有的是钢铁，会把你砸得粉身碎骨……”他突然想起临别时幸子说过的这句话，似乎悟出些道理，“难道她是对的？”

7 天后，田边川一把他在高知航校培训的数百名神风志愿者领走了。临行前，他放假 3 天，让志愿者们尽情玩乐，无论赌资饭费，均由舰队支付。几日后，田边领着似乎再无遗憾的志愿者们，飞赴台湾岛舰队基地，向大西泷治郎司令官复命。

大西泷治郎是日本海军航空母舰作战的专家，精于海军航空兵作战，曾直接参加过偷袭珍珠港的策划过程。此人为人冷漠，处世精明，作战凶狠。当他意识到战争已无胜利希望时，竟想起大规模实施神风特攻作战。他见田边川一领来了大批神风勇士，十分高兴，起身去检阅他们。

他见队伍中有许多十几岁的少年，心中有些怅然，暗叹道：“倘若没有战争，他们还在读书哩！”

但是，大西泷治郎并没把这种情绪表现出来。他走到这些少年中间问道：“怕死吗？”

“一机换一舰，英名传千秋！”少年勇士们齐声回答。

大西泷治郎脸上露出一丝难得的笑容，赞扬道：“我为天皇陛下有你等热血臣民而高兴，望勇士们时刻准备，为天皇尽忠。”说完，他命令军需官提高特攻队队员的伙食标准。

“神风”惠顾后的英国皇家海军的“胜利”号航空母舰，虽然燃起了大火，但英国航空母舰由于采用了装甲飞行甲板，其生存能力远优于美国航母，这次撞击实际上仅仅给这艘航母带来一个飞行甲板上的不大的浅坑，一小时后该舰就恢复了飞机起降能力，并于两天后完全修复。

4 月 6 日，日本统帅部发来指令，立即实施“菊水特攻”，沉重打击在冲绳岛登陆的美军舰队。

“菊水”乃是“水上菊花”的缩略语，这个名字怎么会同残忍恐怖的自杀性攻击联在一起呢？原来，在 14 世纪时，日本有一位著名武士名叫楠木正成，人称“水上菊花”。在一次众寡悬殊的战斗中，楠木正成不畏死亡，立誓“以身报国”，最后与敌人同归于尽，从而成为日本武士的精神象征。此次日军统帅部就是借用其意，将冲绳岛之战航空兵的敢死攻击，定名为“菊水特攻”。

大西泷治郎接到“菊水特攻”命令后，立即集合了全体神风敢死队队员。只见他神色庄重，目光扫视着额上缠着白绸巾的神风勇士，大声说道：“勇士们，敌兵压境，帝国危在旦夕，现在决定日本命运的不是那些

被神风勇士撞中甲板的“萨拉托加”号航空母舰。在这次撞击后，“萨拉托加”号返回美国修理，没有再参加作战。

陆军，更不是那群酒囊饭袋的文官，而是你们，帝国的空中骄子！你们的血肉之躯定会使你们留名青史的。去吧，勇士们！愿天照大神保佑你们实现你们的誓言，一机换一舰，英名传千秋！”

“一机换一舰，英名传千秋！”田边川一率首批神风特攻队员齐声呼喊，向天皇像鞠躬告别。

大西泷治郎依次到每名神风勇士面前，为他们整理军容，握手致敬，直到最后一个人。

这时，塔台上升起准备起飞的信号。田边川一率队员迅速奔向机舱，机械师早已把机上的备用降落伞撤掉，绑上了1000公斤的炸弹。舰上的飞行指挥所开始下达一连串的口令：

日本士兵的休闲时刻

“飞行员就位！”

“发动引擎！”

“舰长，顶风航行，增加速度，相对速度 14 米。”

飞机的引擎起动了，劣质的燃油使飞机的引擎发出了阵阵刺耳的劈啪声，形成一片震耳欲聋的噪声。

“各机准备完毕！”一个传令兵报告。

“开始起飞！”指挥所下达了起飞命令。飞行长摇晃着绿色信号旗，在空中划了一个大圆圈。

田边川一带领着这一群急不可待的神风勇士加足马力，在舰员们雷鸣般的欢呼声中沿着飞行甲板升空而起。在甲板上，舰员们狂热地挥动着帽子和手臂，大西泷治郎率众军官站在舰桥上，向神风特攻队行军礼送行。

田边川一率领他的队员在空中编好队，绕军舰飞了 3 圈，行最后一个军礼，然后向冲绳岛方向飞去。

美军早已预料到日军必将倾其海空力量来破坏冲绳岛登陆行动，因此采取了一系列预防措施，其中就包括使用 16 艘驱逐舰在冲绳岛四周构成环形的雷达警戒线，专门监视低空侵入的日机。

4 月 6 日 15 时，正在冲绳岛北部海面执行预警任务的驱逐舰“布希”号和“科尔洪”号突然发现 50 架日机从低空扑来，立即拉响战斗警报并开炮射击，将两架日机击成碎片。但是，有一架特攻飞机根本无视空中飞舞的炮弹，迎着串串火舌，急剧从空中俯冲下来，一头撞在“布希”号甲板上，炸毁其前部轮机舱，舰上官兵死伤狼藉，舰体严重倾斜。几分钟后，军舰大量进水，瘫在海面上。

“布希”号舰长乔治中校见状正欲呼叫“科尔洪”号救援，忽见又有 15 架日机俯冲而至，猛然醒悟这是群自杀飞机，慌忙下令众官兵弃舰逃生。

美军“科尔洪”号驱逐舰

“科尔洪”号舰长亨利上校也意识到遇上了自杀飞机，急令规避，但在躲过前 3 架日机后，终被第四架日机特攻飞机撞中主甲板，舰上后锅炉舱被炸毁，舰速减慢。接着，又有两架日机相继撞到“科尔洪”号舰上，炸断其龙骨，炸裂舰舷，致使海水涌入，舰体严重倾斜。

乔治率众官兵刚刚弃舰，就见一架日机发疯似的撞了上来，几乎将舰体炸成两截。接着，一场更大的灾难降临了。一架日机俯冲扑入“布希”号弹药舱，引爆了炮弹，炸得该舰千疮百孔。18 时 30 分，“布希”号终于沉入大海。

“科尔洪”号也气息奄奄。亨利见舰体倾斜达 23 度，无力再救，只得弃舰。23 时 20 分，该舰沉没。

田边川一见初战得胜，抖动几下机翼，向队员们表示鼓励，然后又去寻找新的攻击目标。

18时，美军“柳特兹”号、“纽康姆”号驱逐舰被日机发现。10架日机率先向“纽康姆”号扑去。舰长汤姆逊上校还没来得及下令规避，一架日机就垂直坠进后烟囱，猛烈的爆炸将全舰震动，一块弹片穿过军官指挥舱玻璃窗恰好击中汤姆逊的左臂。他刚爬起身来，惊魂未定，又被接踵而来的可怕景象惊呆了：第二架日机在临近舰空100米处被舰炮击中爆炸，飞机和炸弹碎片几乎全部落在甲板上，将甲板上奋战的官兵炸倒一片；第三架日机钻入舰腹爆炸，卷起大量浓烟；第四架日机直接撞在前烟囱上，残骸落入弹舱，引起一连串大爆炸，舰上烈焰升腾。这一切仅发生在短短的6分钟内，“纽康姆”号眼见着瘫在海面，成了日机的靶舰。

“柳特兹”号舰长辛格中校见“纽康姆”号被重创，急忙冒险驰援，刚要靠近，只见一架日机又向“纽康姆”号扑去，辛格立即下令射击，击中了这架日机。不料这架日机拖着冒着黑烟的机身，歪歪扭扭地掠过“纽康姆”号，醉汉似的撞中了“柳特兹”号的舰尾，击毁舵机。辛格大惊，

美国士兵在战壕中谨慎地观察战况

神风特攻队飞机残骸

顾不得友舰，急忙自救。这时，又有数架日机凌空坠下，其中两架日机撞在“柳特兹”号的甲板和舰桥上，引起大爆炸，炸坏了 17 个舱室，并将舰舷炸裂，致使涌入大量海水，舰身开始下沉。辛格见状，命令官兵奋力抢救，扔弃舰上所有的鱼雷和深水炸弹，终于免于沉没。深夜，“柳特兹”号和“纽康姆”号被他舰拖到庆良间锚地。

由于神风特攻队员只经过几天的培训，所以根本不懂空中作战的战术。他们也不需要懂什么战术，只要能撞上美舰就行。在美舰绵密的空中火力打击下，日机损失惨重，百余架飞机被击落坠海。

田边川一有些沮丧，但又无能为力。他自己也抱着一死殉国的念头寻找攻击目标。突然，他发现右下方海面有一艘军火船，遂率 4 架自杀飞机流星般地坠下，心中不住暗念："孤注一掷，拼死一搏！" 猛然间，他感到机身一震，一股浓烟随之从后面扑来。田边川一意识到飞机中弹了，紧紧把握住操纵杆，在接近海面的一刹那，把欲坠入大海的飞机忽地拉起，掠过海面直扑美3万吨级的"胜利"号军火船右舷，将炸弹送入船内。该船爆炸后瘫痪，随波逐流了一天后，被美舰自行击沉。

4月7日，日本神风特攻队继续实施自杀攻击。两天内，日军共出动了699架飞机参加这次"菊水特攻"，其中特攻机达355架，取得巨大战果，共击沉美战列舰2艘、巡洋舰3艘、驱逐舰8艘、运输船21艘、扫雷艇3艘、其他船艇27艘，此外还击伤61艘舰船。

这些数字是日本海军统计的结果，而与美国海军统计的数字相去甚远。美军宣称自己损失了3艘驱逐舰、1艘坦克登陆舰、2艘军火船，另有10余艘舰船遭重创。

美军高射炮向海面射击形成的水幕

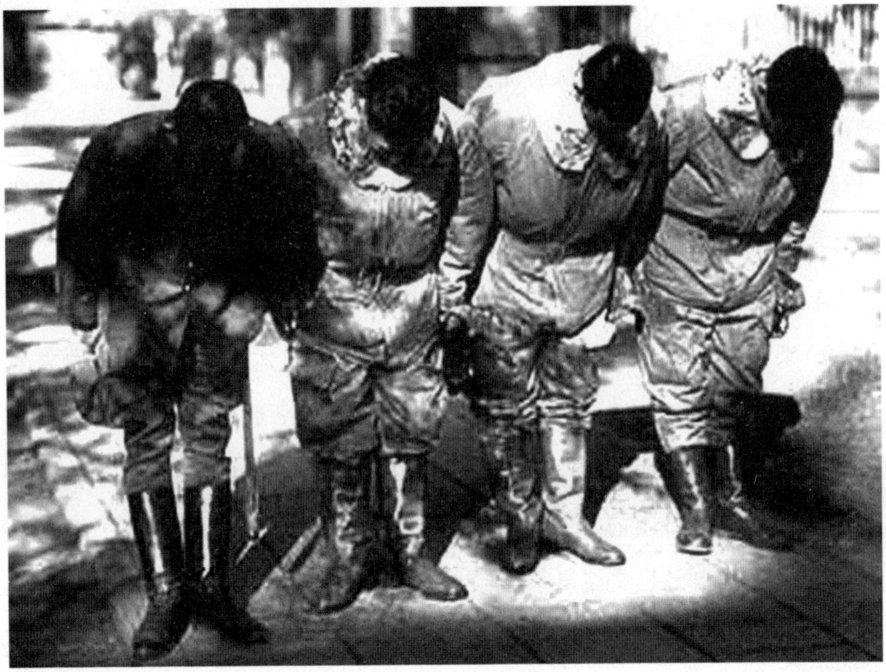

日军神风特攻队员

两军战报各异，事实究竟如何，现在实难考证。但是有一点却不容置疑：日军的战报给正在垂死挣扎的日军官兵打了一针强心剂，从而使美军在日后的作战中遭受了更大的伤亡。日军攻击之疯狂、美军损失之惨烈，令美军胆战心惊。日军将这两天的战斗称为“菊水一号”作战，出击的日机共被击落 335 架，约占出击总数的 48%。

正当田边川一海军少佐率领神风特攻飞机在冲绳岛附近海面左冲右撞、血肉横飞之际，日本海军联合舰队司令官丰田副武海军大将在九州鹿屋海军基地签发了一项命令：

帝国命运确实在此一战。卑职已号召组织一支海面特攻部队，以进行壮丽无比的英勇突入作战，以此一举振我帝国海军声威，发扬帝国海军海面战斗之光荣传统，荣光后世。各部队——无论是否是特攻部队——都要下定决心殊死奋战，彻底消灭敌舰队，为皇国奠定永恒基础。

他的语气显得十分沉重。自中途岛惨败之后，曾在太平洋辽阔海域称雄一时的日本海军联合舰队一败再败：马里亚纳海战使舰队的舰载机遭到毁灭性打击，完全失去了海空控制权；莱特大海战又使舰队航母几乎丧失殆尽，永远失去了远洋作战能力。

这场战争已无力继续下去了。丰田副武深深意识到了这一点，至少在他手里，联合舰队永远无法再现昔日的骄傲。他的前任山本五十六海军大将堪称世界海军史上的怪杰，但仅落得个折戟荒野的下场；另一前任古贺峰一海军大将也算得上海军怪杰，最后不也是生不见人、死不见尸？！

丰田副武暗自叹息。他知道自己的才能远逊于他们，纵有万般报国之志，也回天乏术，目前残存的海军作战力量已不可能与敌人交战，阻滞其北上。唯一的办法就是实施这种自杀性攻击了。

他想让第二舰队司令、前海军军令部次长伊藤整一海军中将率领联合舰队的最后一点儿主力拼死一战。

他让副官叫来他的参谋长草鹿龙之助海军中将，准备派他去濑户内海向伊藤整一传达和解释这次任务的特殊意义。

草鹿龙之助可以说是联合舰队的一员老将，自太平洋战争爆发后，他几乎参加了所有重大海上战役。其兄草鹿龙之介海军中将精通海军航空兵理论，是山本五十六的得意谋士和珍珠港奇袭作战设想的始作俑者。可以说，草鹿家族对联合舰队有着深深的感情。

他听到司令长官的指示，心中大惊，极力反对道：“特攻舰队作战，闻所未闻，伊藤整一将军的第二舰队是帝国海军仅存的力量。目前敌兵浩大，登陆本土势在难免，未来还需第二舰队与敌拼杀，怎可令其轻易出击，自杀特攻。望阁下从长计议！”

丰田副武叹道：“将军所言不无道理。但是，冲绳岛乃帝国最后一道屏障，一旦失守，不啻洞开家门，怎可轻易放弃？况且，即使为将来保卫本土作战考虑，以区区一支舰队能阻止千帆万舸之敌军吗？不如今日拼死相击，或有挽回战局的一线希望。"说罢，他递给草鹿龙之助一份文件，继续说道，"这也是海军统帅部的命令！"

草鹿龙之助接过文件，见是海军次大臣兼海军特攻部部长井上成美海军中将起草的组成特攻舰队的意见书，及川古志郎军令部长在文件页眉上签了几个大字：

同意，着丰田副武司令官即办！

阅毕，草鹿龙之助潸然泪下："帝国海军完了！我只能执行命令了。"

草鹿龙之助随即飞往濑户内海基地，向第二舰队司令伊藤整一传达作战命令：

全舰队拼死猛进，以"大和"号战舰、"矢矧"号巡洋舰和 8 艘驱逐舰组成海上特攻队，协助帝国陆军和航空兵，歼灭冲绳岛附近的美国护航运输队和特混编队。倘有余力，即一跃登陆，以陆军形式出现，与美军展开短兵相接的决战。

作战命令显示出日本人的顽强与乐观，但也表现了他们是何等的不切实际！由 10 余艘舰船和 2000 名官兵组成的特攻舰队，竟要击败庞大的美国舰队，并要在冲绳岛登陆作战，真可谓异想天开！这种极盲目的顽强与乐观在当时发挥的唯一作用，就是鼓励官兵们去送死！

伊藤整一听完命令没有作声，室内静得可怕！这位前海军军令部次长深知这次作战的前景只有灭亡，至于其他，都不过是骗人的鬼话！

沉默良久，伊藤整一问道："如果舰队在中途就受到重创，不能继续前进，那我该怎么办？"

草鹿龙之助无法回答他的问题，他甚至希望伊藤整一拒绝执行这次作战命令，因此说道："这要你们自己去决定！"

"我明白了，"伊藤整一并没有像草鹿龙之助希望的那样，拒绝执行命令，只是说道，"请不必为我不安，我的心情很平静，没什么值得遗憾的，我心甘情愿地去出征。倘若我为国战死，请阁下念在同仁的份上，代我照顾我的家眷，我的女儿还没出嫁，儿子还在上学。"

草鹿龙之助含泪答应了他的要求，说道："将军尽管放心去吧，这是日本帝国的最后机会，也是联合舰队的最后一次机会，一切都拜托了！"

说罢，两人将一杯清酒一饮而尽，洒泪告别。

送走草鹿龙之助，伊藤整一立即召集全舰队将校军官开会，传达特攻作战命令。众军官听完，神色各异。

第二驱逐舰队司令古村启藏海军少将站起身问道："让我们装载只能到冲绳岛的油料，又没有空中掩护，这分明是一次有去无回的自杀性作战，怎么能登陆冲绳岛，支援陆军呢？"

伊藤整一不知怎样解释他的发问。这时，"大和"号战列舰舰长有贺幸作海军大佐帮伊藤整一解了围，他说："我完全理解这次作战的意义，

美军正在查看日军自杀突击队队员的尸体

只有抱着为帝国无畏赴死尽忠的信念，才能挽救国家危难于万一，何必多思！”

驱逐舰长出身的有贺幸作是个非传统派出身的海军军官，年仅47岁，头发却谢了顶，平日不修边幅，他经常着装不整，性格豪放，在下级官兵中有很高的威信。

古村启藏却是一个传统型海军军官，对有贺幸作的作风素来看不惯，听有贺幸作揶揄他杞人忧天，不满地说道：“征战乃生死攸关之事，不考虑成熟，何以制胜？”

有贺幸作依然笑嘻嘻地回答：“考虑过多就会踌躇不前，身为帝国军人，不应怕死！”

古村启藏见有贺幸作嘲笑他怕死，不禁大怒道：“你乃一介狂人，怎会知道死的意义？！‘武士道’虽告诉我们，武士活着的时候要随时准备死，然而这并不是说他们应该毫无意义地去死。这不是生命被轻易浪费的封建时期，而是20世纪，我们要打赢这场战争，不要老想到死！你懂吗？”

被日本“神风”飞机撞中的“富兰克林”号

有贺幸作还欲作争辩，“矢矧”号巡洋舰舰长原为一海军大佐站起来说道：“古村将军和有贺大佐的心情非常令人理解，身为帝国军人何畏死乎！但死并不是我们的目的，我们应抱必死之决心，去争取胜利！”

原为一的话缓解了会场的气氛，伊藤整一赞同地点了点头，起身道：“如果没有什么意见，诸位请执行命令吧。‘皇国兴亡，在此一战，各员奋励努力！’30年前，联合舰队司令长官东乡平八郎海军大将以此口号激励全体官兵，在日本海打败了强敌俄国海军。今天，我们全体将士要发扬东方前辈不畏强敌之勇猛精神，与美国人决一死战！”

“愿为天皇陛下尽忠！”众将校军官应声起立，齐声呼喊。悲壮的气氛感染了在场的每一个人。

★原为一大佐的壮行宴会

原为一大佐回到舰上，为全体官兵举行了一次宴会，让自己的部下喝一次最后的壮行酒。

宴会的气氛狂暴喧嚣。

原为一向众官兵传达了联合舰队的命令，训示道：“我们的任务，看来像是自杀，而且的确也是这样。但是，自杀并不是我们的目标，我们的目标是胜利！帝国军人不是被赶上祭坛的羊群，而是天皇的勇士。一旦本舰受重创或被打沉，你们要毫不犹豫地逃生，活下去再战，切不可自杀，而是活下去，把敌人打败！”

“万岁，大日本帝国！”

“万岁，‘矢矧’号！”

“为报皇恩，万死不辞！”

阵阵口号声，滚过甲板，冲破浓雾，却被海面吞没。

宴会后，原为一大佐登上甲板，向故乡北海道方向遥望，想起家中的老母妻儿，泪水流满了面颊。老母今年正好八十岁，几年前他曾答应回家给老人家祝贺八十大寿，想不到不仅未能如愿，反而连诀别之机都没有，真是太残酷了！

有贺幸作舰长回到"大和"号上，却若无其事，与众官兵谈笑风生，仿佛是参加一次平常的例行演习，而不是特攻作战。

他先把官兵召集到甲板上，整整衣冠，向大家宣布特攻作战命令。最后，他解开风纪扣，两手挥动着喊道："望诸君发扬舍身成仁的攻击精神，不要辜负了全体国民的期望！"然后，他让官兵回到大舱室，痛喝诀别酒。

安排停当，有贺幸作与几个军官坐在指挥舱痛饮。"来，'大和'舰的

美军从日军士兵的尸体旁走过

诸君，干了此杯，我向各位问安了！”说罢，他环视一下众军官，哈哈大笑，举杯一饮而尽。众军官随之饮尽杯中酒，他们都清楚此次将一去不归，反而无所顾忌了。

酒宴散后，有贺舰长让大家回到各自的岗位做好出击准备，然后自己踱步上了甲板。

春风煦煦，送来清新的海的气息。泊在港湾的“大和”号战列舰随着水波不住浮动。这艘铅灰色的战列舰外形非常美观，甲板平坦，舷弧优美，桅杆和烟囱皆呈流线形。该舰设计于 1937 年，历时 4 年建成，赶在 1941 年 12 月太平洋战争爆发时下水服役。其标准排水量为 6.8 万吨，满载排水量为 7.2809 万吨，舰长为 263 米，最大宽度是 38.9 米，满载吃水 10.6 米。计划中的编制人员为 2200 人，实际编制为 2767 人。该舰有 4 部涡轮发动机，共 15 万匹马力，航速为 27.5 节。舰上共装备各种口径舰炮 150 门，其中 9 门主炮口径为 460 毫米，每发炮弹重 1450 公斤，最大射程为 42 公里。该舰装甲厚度大于当时世界上任何一艘战列舰，轮机舱的垂直装甲厚度为 408.9 毫米，舷部装甲厚度为 410 毫米，水平装甲厚度为 200 毫米，是世界上最大的一艘战列舰，被日军称为“永不沉没的战列舰”。它在理论上能够击沉任何一艘美国军舰。难怪曾任联合舰队司令的山本五十六对该舰备加恩宠，该舰一下水，他就把司令部从“长门”号战列舰移至“大和”号上，率领日本海军精锐纵横驰骋于西太平洋，猖獗横行一时。现在，“大和”号作为日本海军的最后精锐即将去进行一次特攻出击，这或许是它的最后一战了。

舰上的官兵有秩序地忙碌着，将多余的给养从舰上卸下来，匆匆送上岸，锁死水密封隔舱和防火墙壁；将所有的机密文件、密电码本以及记录“大和”号 1.5 万海里航程的“航海日志”封存装箱，送至设在横滨庆应

“大和”号的前甲板

大学地穴的联合舰队司令部。忽然，舰尾传来一阵吵闹声，有贺幸作寻声追去，原是一些候补实习军官和病号吵闹着不肯下舰。根据舰队命令，凡伤病员及候补实习军官均不参加此次作战，必须离舰上岸。正在“大和”号上实习的海军军官学校第七十四期、海军经理学校主计科第三十五期共73名毕业生，本来以能在“大和”号上实习引以为自豪，却闻知要求他们离舰，不准参加这次帝国海军的最后一次出征，深为无法用自己的血肉之躯谱写海军史的最后一页而遗憾，纷纷要求留舰作战。他们见有贺幸作走来，刷的一声齐跪在地，哭求发誓：“我们将与‘大和’舰共存亡，万望长官留下我们！”

有贺幸作见状，十分感动，赶忙劝道：“你们是本舰的一员，我理解诸位愿共同忠于帝国的心情。但是，此次特攻作战，不同往常。诸位是帝国海军未来的英才，之所以让你们离舰，就是为了将来让你们到第二艘、第三艘‘大和’号上充当骨干。你们的任务是好好学习，提高自己的能力！拜托了，帝国海军的希望！”

这些候补实习军官终于被有贺幸作说动，哭着离舰上岸，向“大和”号敬了最后一个军礼。

4月6日16时，伊藤整一登上“大和”号，舰桅上升起了海军中将旗。他将以“大和”号为旗舰，亲自指挥这次特攻作战。

伊藤整一听完有贺幸作已做好出击准备的报告，满意地说道：“望诸君恪尽职守，开始出击！”

16时20分，“大和”号的锅炉点火，气轮机试压。有贺幸作下令：“起

“大和”号上的指挥人员，中间的是伊藤整一中将

锚！”随着一阵锚链的响动声，巨大的铁锚带起德山湾海底的泥土，从水中升起来。

“各舰按顺序出港，方位120°，两舷前进微速！”有贺幸作作为旗舰舰长，指挥着特攻舰队驶出德山港，踏上了一去不复返的征途。

各舰官兵除离不开岗位者外，都列队甲板，在暮色夕阳中，向岸上望去：山水树木都蒙上了一层灰色的纱幔，村落里的袅袅炊烟和如雾般的杏野樱花揉和在一起，迷迷蒙蒙。官兵们知道这是他们最后一次看到祖国的景色了。

不知是哪条舰上的官兵先唱起了《君王的朝代》，很快各舰官兵都唱起了这首日本国歌：

君王的朝代，一千代，

八千代，无尽期，

直等到小石变成巨岩，

岩石上长满藓苔衣。

日本海军联合舰队终于毁灭

云层密布，夜色沉沉。20时许，特攻舰队小心翼翼地驶过濑户内海丰后水道的水雷区，进入太平洋。为躲避美国潜艇的监视，伊藤整一下令舰队以每小时20海里的速度，沿九州海岸南航。尽管日舰队冒着触礁的危险，一直在浅海处航行，但仍被美国潜艇发现。20时10分，“大和”号的雷达发现了7公里以外的敌潜艇。伊藤整一立即下令“矢矧”号巡洋舰和“冬月”“凉月”“矶风”“滨风”“雪风”“朝霜”“霞”“初霜”号驱逐舰在“大和”号周围布成环形，实施反潜防御。

好在有惊无险，美国潜艇大概忙于向总部报告，并未实施鱼雷攻击。伊藤整一索性命令舰队加速到24海里，向位于九州南端佐多岬和种子岛之间的大隅海峡前进，他计划从那里向西绕一个大弧，驶抵冲绳岛西岸的白沙滩外，在那里云集的美军护航运输队和特混编队是特攻舰队攻击的绝好目标。

发现日本舰队的美军“哈特尔克”号和“施雷特劳”号潜艇很快向关岛潜艇司令部做了报告，潜艇司令洛克伍德海军中将立即上报给尼米兹，尼米兹马上通知斯普鲁恩斯，让他做好相应准备。

★斯普鲁恩斯的准备

斯普鲁恩斯胸有成竹，他认为现在日美海军双方实力无论是在兵力、火器、后勤补给上，还是在官兵士气、训练素质上，都相差悬殊，日本海军的进攻已谈不上什么战斗了，充其量只是自杀——一种日本式的海上切腹！

他命令米彻尔的第八十五特混快速航空母舰舰队迅速在九州岛和冲绳岛之间集结，阻击日军舰队；布兰迪海军少将的第五十二特混登陆支援舰队做好一切战斗准备；德约海军少将的第五十四特混火力支援和掩护舰队派出6艘战列舰和7艘重巡洋舰编成海战支队，准备与“大和”号一决雌雄。

很明显，斯普鲁恩斯是想用战列舰对战列舰，歼灭日军特攻舰队，航空母舰只作为预备队。但是米彻尔却认为他的航空兵完全可以炸沉敌舰。一年前，在莱特湾海战中，他指挥的航空兵炸沉了“大和”号的姐妹舰“武藏”号战列舰，事后却有人说该舰完全可能是潜艇打沉的。米彻尔对此十分恼火，这次“大和”号的出现为他提供了证明航母作战优越性的大好时机。他不会放过这个机会。

日军的“雪风”号驱逐舰

4月7日，天刚一放亮，米彻尔就下令侦察机起飞搜索，呈扇面搜索冲绳岛北面海面，而担负突击任务的机群则在航母甲板上待命，只等一发现日舰就立即起飞攻击。

8时22分，美机向他报告：发现敌舰队，航向300度，航速22节。

米彻尔立即向斯普鲁恩斯报告：“你攻还是我攻？”

斯普鲁恩斯先是一愣，很快明白了他的这位部属的心情，遂决定改变原来想法，在米彻尔来电的空白处批上：“你攻！”

米彻尔得令后大喜。9时15分，他派出16架F6-F“恶妇”式战斗机和卡塔琳娜水上飞机对日舰队跟踪和监视。美军飞机在日舰高射炮射程之外盘旋，克服天气不佳的困难，始终与日舰保持着接触，并不断向米彻尔报告日舰的位置、航向和航速。10时，他命令280架舰载机升空，向日舰队压去，同时向斯普鲁恩斯报告：“Sug-ar Baker Two Charly，Take the

Big Boy（砂糖、面包师、两个查理，捉住了那个大小子！）。”

这是一份英语明码暗语电报，把前 4 个单词的字首字母拼起来就变成了：SB2C（俯冲轰炸机）捉住了敌战列舰！

在这份电报中，米彻尔还报告说：“除非另有指示，否则我提议于 12 时进攻‘大和’舰群。”

美军毫无顾忌地使用明码电报使日舰队很快判明了敌方的意图及敌机的方位、高度和距离。有贺幸作认为美国人欺人太甚，愤而下令：“倘若敌机出现，主炮一号炮塔立即开火射击！”

原来，“大和”号的射击弹幕分远、中、近三层：远层为射程 1.5 万米的主炮弹幕；中层为射程 8000 米的高射炮弹幕；近层为射程 3500 米的机关炮弹幕。有贺幸作认为他的部下都有 3 年以上的海战经验，自信技术和训练程度在日本海军中堪称一流，完全可以对付敌机轰炸。

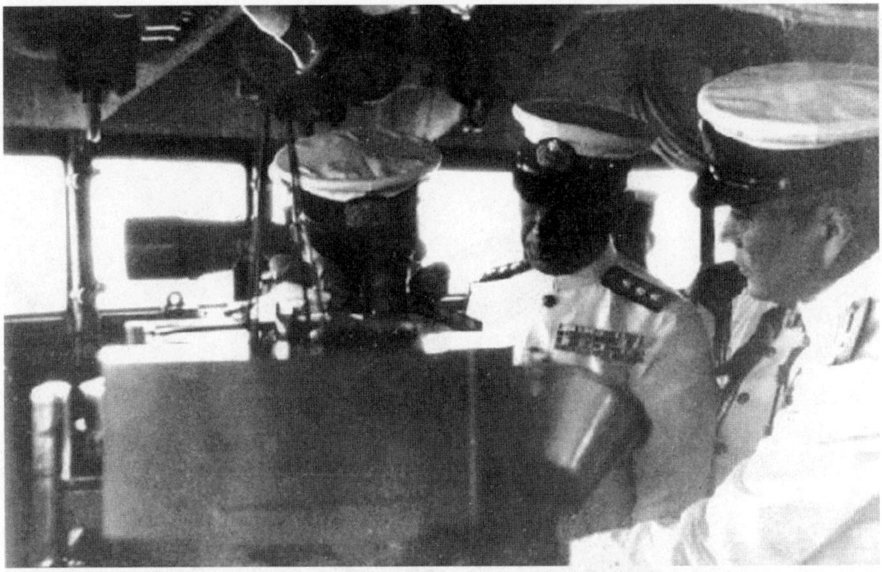

日皇裕仁（左）参观战舰“武藏”号舰内舰桥设施，陪同参观的是古贺峰一大将（中）、土肥一夫中佐（右）。

12 时 20 分，美机大编队穿过低厚的云层，向“大和”号逼来。随着有贺幸作的命令，“大和”号战列舰 165 吨的主炮将 2 米长、一吨半重的炮弹射出去，巨形炮弹在大气层中划了一个弧形弹道，在美机编队中爆炸，6000 枚细碎的弹片散布在广大的空间，形成一片弹幕。

但是，来袭的美机不是笨重的“B-24”式轰炸机，而是灵活的“海盗”式俯冲轰炸机、“考尔西亚”式俯冲轰炸机和“复仇者”式鱼雷机。美军飞行员轻轻拨转机头，躲过“大和”号的远层射击弹幕，从各个角度和高度凌空而下，向“大和”号投下了第一批炸弹和鱼雷。

“大和”号巨舰左舷首先被鱼雷命中，同时两颗炸弹又落在右舷尾部。随着一声声巨响，“大和”号一片惨状：甲板上横七竖八地躺着一大堆尸体，鲜血和着海水顺着甲板排水口往外流，舰身倾斜，航速降至 18 海里。

枪炮官清冈被抛上空中，又摔了下来，他爬起来痛得直咧嘴，却继续喊道：“3 号对空弹，9 枚，引信 50，准备——放！”

又是一个齐射，清冈忍着疼，想看看弹着点，可是当他向海上望去时，不禁大吃一惊：“滨风”号驱逐舰已燃起熊熊大火，逐渐下沉；“矢

日军双翼水上观测机

日军的“矢矧”号巡洋舰

矧”号巡洋舰已被打瘫，犹如一条灰鲸飘在海上动弹不得，舰上冒出滚滚浓烟。

13 时 37 分，第二批美机又飞临日舰队上空，弹雨再次倾泻下来。由于第五十八特混编队第四大队的飞机比其他两个大队的飞机晚起飞，因此这一攻击波不是集中攻击，而是分成几个波次进行的。持续不断的攻击反而使日军没有喘息之机，对美机的攻击疲于应付，让美机连连得手，美机的攻击有章有法、节奏分明，首先是战斗机扫射，压制日舰高射炮火，并乘机投下所携的炸弹，接着鱼雷机集中对“大和”号左舷进行攻击，这时“大和”号航速大减，高射炮炮手多被美军战斗机消灭，不仅毫无还手之力，连招架之功也很勉强。

“大和”号又连中 3 枚鱼雷和数颗炸弹，大量海水顺着左舷灌进来，舰体左倾 15 度。清冈见舰体倾斜已严重影响对空射击，大喊舰长迅速采取对策。“大和”号有完善而庞大的注排水系统，可以迅速消除舰体倾斜的危机，但一枚 450 公斤炸弹正巧命中了注排水控制舱，将所有的调节阀门炸毁，无法进行排水。

有贺幸作嘶哑着声音命令：“向右舷舱和锅炉舱灌水！”

副舰长野村次郎海军大佐应声指挥奋力抢救。不料，海水来势凶猛，瞬间便淹死了一些抢险队员，航速减至18节。“大和”号尚未堵住漏洞，第三批美机又飞临上空，“大和”号只得使出浑身解数同100多架美机搏斗。这时适逢天降大雨，战区雨雾蒙蒙，天空炮弹穿梭。“大和”号向美机群喷射出大量的炮火，然而却什么也没打中。这使人想到一只凶猛的欧洲野牛在与蜂群作战时的情景，尽管它拼命咆哮、拼命冲撞，却无法杀死一只胡蜂。

14时，第七枚鱼雷再次击中“大和”号左舷，舰体再次倾斜。有贺幸作在扩音器中不断喊着：“向右轮机舱注水！”

轮机长高城为行一听大惊，他的几百名水兵正在舱内干活，一旦注水，他们都会被淹死！高城为行愤怒地叫着：“不能注水，先把人撤走！”

可是已来不及了。野村次郎副舰长奉命率人封死了所有水密舱门，向

被击中一号主炮的“大和”号战列舰

右轮机舱灌了3000吨海水，几百名轮机兵和其他在右轮机舱作业的水兵全被水葬。

几百名水兵的死亡并没有挽救“大和”号的命运。第四批、第五批美机群接踵而至，炸弹、鱼雷雨点般向日舰扑去。7分钟后，又有两枚鱼雷命中左舷，刚刚有所恢复的左倾再度加剧，而且舵机失灵，“大和”号升起了遇难旗，航速只剩下7节，甲板上到处是弹洞，被炸开的钢板四下翻卷，由于左倾已达15度，大口径的高炮已经无法操纵，只有25毫米口径的机关炮还能勉强射击。14时零2分，一批美机俯冲而下，投下的炸弹有3枚在左舷中部爆炸，使其左倾加大到35度。14时7分，一枚鱼雷击中右舷，此时“大和”号上层建筑面目全非，全舰被浓烟烈焰所包围，完全丧失了机动能力，防空火力微乎其微，又不能进行机动来规避，沦落到任人宰割的地步。14时12分，四架美军鱼雷机冲出云层从容实施攻击，如同在进行鱼雷攻击表演，美机攻击动作十分完美，投下的鱼雷有两枚命中左舷中部和后部。“大和”号升起了紧急求救信号旗，通知驱逐舰靠近接走舰员，但驱逐舰知道“大和”号弹药舱里近2000发460毫米口径的主炮炮弹只发射了3发，现在随时都有爆炸的可能，都不敢靠近。

“大和”号已被第十二枚鱼雷击中，舰体倾斜35度。野村次郎沿着狭窄的螺旋扶梯爬上第二舰桥，从那里观察全舰的情况。他向上方扫了一眼，只见空空荡荡，桅杆、烟囱全部被炸毁。军舰甲板龟裂，炮塔全毁，尸体相枕，血流满舰。野村次郎痛苦地闭上两眼，向有贺幸作报告：“舰体已近垂直，无法恢复倾斜，快沉了！”

很多人不等舰长下达弃舰命令就自行跳海逃生，舰长有贺幸作见此情景，也知道“大和”号已经无可挽救，只得下令弃舰。他通过传声管向伊藤整一报告：“请长官同官兵一同离舰，我一人留下！”

伊藤整一感到此次特攻作战败局已定，只有尽量抢救各舰生存者，他自己已决心与“大和”号共存亡了。他站起身，同几个幕僚握手告别，然后沿着倾斜的甲板向螺旋扶梯走去。他爬上第二舰桥，开枪自杀了。有贺幸作见舰队司令自杀，遂下了最后一道命令：“全体人员弃舰逃生！”然后，让水兵把自己绑在炮座上。可是，许多人仍不离舰。有的水兵把自己绑在罗盘仪上、甲板栏杆上以及一切可以缚绳的物体上；有的水兵穿上了沉重的钢制防弹背心，准备自沉。有贺幸作焦急地对他们喊道：“你们这是干什么？立即离舰！”但是，众人仍然不动。“混蛋，年轻人必须活下去效忠天皇！”有贺幸作气急大骂。可是，此时再想离舰已不可能了。

14 时 15 分，又有一枚鱼雷击中左舷中部，伤痕遍体的“大和”号再也经受不住，倾斜度已到了 80 多度，军旗几乎触到汹涌的波涛。14 时 22 分，这艘巨型战列舰终于横倒，大炮残骸、弹药、一具具尸体通通滑入大海，灯光也随之熄灭。波涛渐渐地淹没了舰桥，海面顿时出现一个深达

日军“矶风”号驱逐舰

50米的大旋涡。下沉20秒后，“大和”号又发生两次大爆炸，460毫米口径的前主炮炮膛里的炮弹滑落下来，撞穿了弹药舱甲板，引爆了舱中的炮弹，剧烈的爆炸险些将“大和”号舰体炸断，烈焰冲天而起，翻滚的蘑菇状烟柱竟高达1000米，甚至连110海里外鹿儿岛的居民都看到了大爆炸的火光与浓烟。不多时，后主炮炮塔里的弹药也在水下爆炸，钢铁的碎片从水下飞溅而出，爆炸的气浪连海面上挣扎的水兵都感到一阵窒息，翻江倒海般的巨响，终于把这艘“永不沉没的战列舰”送入海底，从而永远结束了日本海军巨舰大炮的时代。日本海军联合舰队终于彻底毁灭。同时也宣告了巨舰大炮主义的彻底破产。

在美军攻击“大和”号的同时，部分美机也对“矢矧”号巡洋舰和驱逐舰发动了攻击，“矢矧”号已经丧失了机动能力，美军轰炸机和鱼雷机进行的攻击动作漂亮、出色，简直是教科书式的表演，“矢矧”号累计被7枚鱼雷和12枚炸弹击中，于14时5分沉没。

“矶风”号、“朝霞”号和“霞”号驱逐舰也先后遭到重创，不得不自行凿沉。

当“大和”号沉没后，第四十一驱逐舰大队长吉田正义大佐接替指挥，他一面组织残余舰只打捞落水人员，一面向联合舰队司令发电报告战况并请示下一步行动指示。16时39分，联合舰队司令丰田鉴于预期计划已无法实现，决定终止海上特攻，吉田正义随即率领余下的4艘驱逐舰带着创伤于8日回到了佐世保基地。

美军的战列舰、巡洋舰编队还未投入战斗，日军的这支海上特攻舰队就被美军舰载机所消灭，美军共出动舰载机386架次，其中战斗机180架次、轰炸机75架次、鱼雷机131架次，被日舰击落共10架。

日本海军在冲绳岛海域活动的11艘潜艇，由于美军反潜兵力雄厚，警戒严密，未获任何战果，反被击沉8艘。至此，日本海军对冲绳岛守军的支援均告失利，虽然其空中特攻作战给美军造成不小的损失，但对整个登陆战役没有决定性的影响。

八重岳的激战——占领东西部沿岸各岛屿

美国海军陆战第六师第二十二团的查尔斯·惠特尼海军上校指挥的主力营，自登陆后一路北进。他们沿着冲绳岛海岸，穿过树林、河流、山涧，绕过日军小股抵抗部队，直扑冲绳岛北部的边户角。4月12日，他们抵达本部半岛中央的八重岳要地，日军北部防御的重点就设在这里。惠特尼发现八重岳的实际地形远比他从航拍照片中看到的险恶。航拍照片中的八重岳或为厚云所笼罩，或为浓密丛林所覆盖，地形不明。可是，眼前的八重岳崎岖、残破、狰狞、险峻，使惠特尼从前见过的任何山地都相形见绌，即使是职业登山家对这里的险峰都会感到头疼。从岛上居民口中，惠特尼获悉担负八重岳防御任务的是宇土大佐率领的独立支队的大约1500余名官兵。这个支队由步兵队、机关枪队、小口径炮队、冲绳民兵队组成。宇土大佐指挥日军巧妙地利用地形，构筑了各种各样的火力点和障碍物，严阵以待美军进攻。惠特尼论军阶本应指挥一个团，但是他战伤痊愈归队后，陆战队第六师所有团长职位都没有空缺，师长让他暂时指挥第一营，该营营长因战伤回国治疗。惠特尼根本不介意，虽然在美军中这种高职低配的现象并不多见，但他求的是参战的机会，只要有仗打，指挥一个连他也干。作为一名44岁的军人，他深深意识到这场人类历史上最大的流血厮杀很可能结束于冲绳岛。所以，他非常高兴地接任了代理营长之职。

第一营是他在瓜达尔卡纳尔岛血战中指挥过的部队，许多人他还认识，有的指挥官还是他的部下。B 连连长查尔斯·索伦森海军上尉就是他原来手下的一名海军中士，这个皮肤黝黑、脸上有几条伤痕的南卡罗来纳州人，作战凶猛，号称“天才杀手”。他们非常欢迎惠特尼来指挥他们。

到达前线后，惠特尼戴上钢盔，穿上军便服，到前沿视察。透过望远镜，他看到八重岳岩石嵯峨，倾斜急峻，悬崖断壁，耸然屹立，几条羊肠小径把该山分割成互不联系的数个山头。他知道在这种起伏坡度极大的地形中作战，上级指挥官无法下达详尽的统一作战指令，各连指挥官只有各自为战，才能越过峡谷和险峻的悬崖绝壁占领目标。于是，他决定采用“小群多路”战术，把部队分成许多分队，向八重岳敌军阵地进攻。

4 月 14 日清晨，华盛顿时间是星期六，冲绳岛是星期天，美军下半旗向本月 12 日去世的罗斯福总统致哀。当华盛顿的军乐队高奏《星条旗》之时，隔着 15 个时区的地球另一面的冲绳岛美军也奏起了国歌。国歌奏

从林中的美国海军陆战队队员

毕，仿佛为这位美国历史上伟大的总统的逝世鸣礼炮致哀似的，上千门美军舰炮和野战炮向日军八重岳阵地实施了排山倒海般的炮火射击，顿时，日军阵地上一片硝烟弥漫。

炮火过后，惠特尼命令各分队向山上发起进攻。日军凭借有利地势，用步枪、迫击炮、机枪向美军狂猛射击，将美军压制在阵前，伤亡惨重。

索伦森的连冲在最前面，他本以为日军火力点会被炮火摧毁，想不到山上坡度大，射击死角多，许多掩蔽极好的火力点根本没有被破坏，在美军炮火过后，纷纷吐出凶猛的火舌，使美军进攻受阻。于是，他放弃原来的穿插迂回战术，采取了逐坡逐沟清除日军火力点的战法，命令士兵推着一门37毫米口径的机关炮，配备两挺重机枪和一门迫击炮，组成一支突击队。他先让一个小组在前面探路，充当诱饵，诱使敌人开火。一旦敌人火力点暴露，就用37毫米机关炮的准确火力加以摧毁，这一招果然灵验。火力侦探组的行动诱使日军火力点一个一个地暴露，跟在后面的美军37毫米口径炮一个一个地将它们摧毁，大大减轻了敌人的火力威胁，进攻速度大为加快，居然一路打到主峰附近。

日军见状大为恐慌，急忙调整兵力阻击。他们很快发现美军进攻的弱点在于依赖于随后跟进的弹药输送队，于是他们放过前面的步兵，先打后面的弹药输送队，然后再对付冲到前面的步兵。弹药队被打掉，即使敌人火力点暴露，美军也无能为力了。索伦森十分着急，赶忙向惠特尼发电求援。但是，惠待尼也没有办法，敌人火力太猛，隔断了后续部队与前面的联系，补给弹药上不去。索伦森打得红了眼，索性向主峰发起冲锋，但是在日军绵密火力网的封锁下，他的士兵大部阵亡，索伦森本人也被一颗手榴弹炸死在半山坡，临死前，他还抱怨：“为什么还不把迫击炮运上来？”

山岳丛林作战，迫击炮是最佳武器，但是惠特尼手中的迫击炮弹已经打完，虽然他已向师部告急，请求紧急运送迫击炮弹，但是由于运送迫击

美海军陆战队路过警戒标语

炮弹的“洛根”号和“霍布斯”号胜利级万吨军火轮在庆良间锚地均被日军特攻自杀飞机撞沉，所以师长也没有良策。到 14 日结束前，惠特尼的第一营已伤亡 1/3，只得停止进攻，撤下来休整补充。

惠特尼真有些一筹莫展，打了几年的仗，他还很少遇见如此难啃的“骨头”。他想起了在军校学习期间分析过的尔灵山攻坚战。1904 年 11 月，日本人与俄国人为争夺旅顺要塞的“钥匙”尔灵山高地，曾进行过一次殊死战斗，短短 10 天内，日军在远东那个标高仅 206.1 米的小小制高点付出了伤亡 1.1 万名官兵的代价，加上俄军伤亡的 5000 人，使尔灵山成了一座名副其实的“尸山”。惠特尼担心眼前这座八重岳会成为第二座尔灵山。

正在此时，搜索队送来一个中国血统的夏威夷居民刘氏，此人个子不高，眼睛透着商人的机灵，会说英语。战前他到冲绳岛经商，却被日军强征了他的船和货，回不了家，被迫滞留在冲绳岛的名护村。后来，又被日军强迫修筑八重岳防御工事，对日本人有一肚子的怨恨。美军上岛后，他趁机逃脱日本人的监视，找到美军，愿意为美军做点儿事情。

惠特尼十分高兴，让他把八重岳防御工事体系介绍一下。刘氏凭记忆画出了日军山岳坑道工事的详图。从图上来看，八重岳主峰高 1500 英尺，虽然守军并不多，但是日军利用山上的无数天然洞穴，"卡口制谷"，交叉火力封锁了各个隘口。令惠特尼吃惊的是，日军在本部半岛对岸的伊江

在岛上视察的巴克纳将军(右)

岛还部署了一个团的兵力，大约距离2海里，岛上的远程火炮可以有效地支援八重岳阵地。这是美军事前所不知道的。

惠特尼非常感谢刘氏，给了他一大笔奖金。惠特尼立即将这一新情况向上级报告，并根据八重岳敌军火力配置情况，重新调整了兵力部署。这时，海军陆战队最高指挥官特纳从塞班岛紧急空运过来的迫击炮弹也已到位，从读谷机场起飞的大批轰炸机又连续向八重岳投下了暴雨般的炸弹和燃烧弹，日军防守的八重岳顿时成了座火山。

惠特尼决定向山上发动一次夜袭，为了同日军区别，美军官兵臂带白色环标，脸上和刺刀上都涂上油彩。15日21时许，冲绳岛阴云密布，细雨蒙蒙，天黑得如同煤炭。惠特尼亲率夜袭队，沿着被烧得光秃秃的小树林向主峰爬去。

敌军阵地上静悄悄的，只有凝固汽油弹留下的山林余火，如同根根蜡烛在夜风中摇曳。惠特尼暗自庆幸，低声传令部队加快速度向主峰攀登。

当他们临近主峰阵地时，突然几条九二式重机枪的火舌劈开雨夜，猛扑向美军，顿时传来中弹官兵的痛苦呻吟声，有的伤兵滚下山谷，发出一阵惨叫。

惠特尼见无路可退，不顾伤亡，冒着弹雨向峰顶冲去，双方在顶峰展开激烈肉搏。美军官兵咆哮着向上猛冲，日军官兵则向下猛打，双方杀红了眼，先用枪弹、棍棒，后来竟用牙齿、双手拼命厮杀，搏斗中夹杂着英语和日语的咒骂声。

混战了几个小时，至16日凌晨，3颗照明火箭透过雨帘飞上天空，惠特尼的夜袭突击队终于占领了八重岳主峰表面阵地。在朝霞中，一面弹孔累累的星条旗迎风飘扬，旗下面到处都是双方官兵的尸体，他们保持着各种各样的姿势：有抱着对方腰的，有抱着对方头的，有掐住对方脖子把对方按倒在地上的……

战况极其惨烈，但是惠特尼的情绪却是高涨的。他向师部报告："我已占领八重岳顶峰表面阵地，正继续歼灭坑道内的敌人！"

4天后，在兄弟部队的配合下，惠特尼营终于肃清了八重岳之敌。紧接着，陆战队第六师挥师北上，长驱直入，占领了冲绳岛最北面的本部半岛。

在八重岳攻坚战中，美军阵亡官兵207人、伤残757人，失踪6人；日军阵亡官兵2000名，许多日军是被美军的火焰喷射器烧死在洞穴中的。

巴克纳将军根据惠特尼的报告，了解到日军伊江岛的防御态势，认为冲绳岛东、西两侧一些小岛对未来作战威胁较大，决定让海军陆战队先侦察这些小岛。

海军陆战队侦察大队在津坚岛登陆，不料遭到日军阻击，在猛烈火力的打击下，被迫撤出该岛。

巴克纳遂命步兵第二十七师接替海军陆战队实施津坚岛登陆作战。登陆前，美军用航空兵和舰炮向岛上实施了强烈的火力突击，但是，日军摸透了美军的战术，躲在坚固的防炮洞内，毫不在乎铺天盖地的炸弹和炮弹。等到美军登陆后，隐蔽在坑道中的日军将各种火器都推了出来，按预告精确测定的距离实施毁灭性的射击，把滩头阵地打成一片火海。美军屡次登陆都失败了。

津坚岛位于中城湾，冲绳岛南部的东海岸处于其火力控制区内，不攻下该岛，不利于美军地面部队向冲绳岛南部发展进攻。于是，美军投入了更大规模的兵力在该岛登陆。在强大的海空火力掩护下，装备精良的美军终于在津坚岛站稳了脚跟并逐步向纵深推进，歼灭了岛上守军。

占领津坚岛大大改善了美军的作战态势，拓宽了通往中城湾的通路，减轻了渡具知海岸的物资上陆负担，扩大了登陆基地，美军可以同时从东、西两个海岸得到作战补给。

两名美军水兵在凭吊自己的战友

此后，美军又占领了位于金武湾的平安座等小岛。

占领伊江岛远比津坚岛困难。日美双方均明白，这个岛的面积和地形很适合修筑一个大型机场。日军在岛中央的平坦地面修筑了3条跑道，全长达1600英尺，以对抗“冰山”战役；美军决定攻占该岛后，扩大这些跑道，以供远距离战斗机飞行团起降使用。

执行伊江岛登陆作战任务的是美军步兵第七十七师。该师在完成庆良间列岛登陆作战任务后，一直在冲绳岛东南约500公里的大型运输船队上集结休整。

4月16日拂晓，美军开始向伊江岛实施强大的海空火力突击。7时25分，转为登陆前支援火力射击。这次美军登陆开始时没有遭到什么抵抗。但不久，日军就重复了在津坚岛采取的战术，从隐蔽的工事内钻出来，顽强抗击美军冲击。中午时分，藏在洞窟和墓穴中的日军以持久战为目标，与美军展开寸土必争的激烈搏战。

美军刚上岸时，并没发现岛上有什么军民，甚至连防御工事都不明显。可是，随着战斗的进展，他们感到岛上到处都是日军，到处都是防御工事和火力点。本来一个个不起眼的坟墓、水井、碾盘，待美军临近，竟成了一个个火力点，打得他们措手不及，非死即伤。

原来，伊江岛上的阵地构筑得很巧妙，犹如迷宫，每个村落都是要塞或支撑点，由此辐射的坑道四通八达，密如蛛网，遍及全岛各处，岛上7000名军民就藏于其中，除老弱外，均执枪而战。

美军以凶猛的炮火反复轰击后，步兵成散兵队形跟在坦克后面发起冲击。炮火把村庄夷为平地，美军的火焰喷射器把树木、房屋烧成焦炭，步兵同日军展开逐村逐屋逐院的争夺。他们多次改变攻击战术，正面攻击不行便迂回，强攻无效便渗透，一点一点地撕开日军用血肉筑起的防御壁垒。

日军顽强凶猛的战斗作风，令美军感到十分头疼。尽管他们失去了大部分阵地，伤亡惨重，仍化整为零坚持抵抗，依托一切可以利用的障碍物射杀美军。美军随军记者欧内斯特·派尔就是被这种“不正规”的冷弹打死的。

★派尔之死

欧内斯特·派尔是位年已45岁的资深记者，自第二次世界大战爆发后，他就冒着生命危险深入前线采访报道。不列颠空战、北非卡萨布兰卡登陆、意大利战役、太平洋诸岛屿登陆战，都出现在他的新闻报道中。他先后撰写了《派尔在英格兰》《这就是你的战争》《勇敢的士兵》等3部大型报告文学。他的笔极富人情味，将普通士兵的感情写得出神入化，深受官兵的欢迎。为表彰他的成绩，美国有关方面曾授予他普利策新闻奖。

日本三菱 J2M 式拦截战斗机

4月17日，他赶到伊江岛现场采访，士兵们很快认出这个印第安纳州人，纷纷上前与他合影。派尔身穿迷彩服，热情待人，掏出烟给大家抽，然后在一位连长的陪同下，乘吉普车到前线继续采访。当他们驶到伊江村附近时，突然从前面侧方站起一个十几岁的日本男孩，派尔等人并未在意，继续前行，不料刚驶过去，那日本男孩就操起脚下的轻机枪，向吉普车横扫一梭子弹。派尔等赶忙跳入水沟隐蔽。数分钟后，见无动静，派尔认为无事，便从水沟边缘探出头观望。那位陪同的美军连长见状不妙，急叫"注意隐蔽"，但已来不及了。他的话音未落，一个机枪点射正打在派尔的太阳穴上，只见他脑袋一仰，倒在水沟里，再也没有起来。

那位连长气红了眼，操起一杆卡宾枪，慢慢迂回到那个日本男孩的身后，猛地站起身，扣动扳机，把满腔怒火倾泻出去，直到把那个日本男孩打得浑身都是筛子眼。

派尔被隆重而简朴地安葬在伊江岛上步兵第七十七师的简陋基地，墓前竖起的一块石碑上刻着：

此地埋葬着步兵第七十七师的伙伴

欧内斯特·派尔

1945年4月18日

派尔的死激起了美军对日本人的仇恨。先前，他们见到日本妇女老幼尚能网开一面，现在则不然，只要在战场上见到站立的日本人，无论军人平民，无论男女老幼，一律开枪射杀。

经过4天的浴血奋战，美军终于攻占了这座岛屿。至此，美军步兵第七十七师阵亡239名官兵，失踪19名官兵，伤残879名官兵。这个数字与日军的伤亡数字相比并不算什么。日军阵亡官兵4706名，被俘149名，此外还有许多平民丧生。

牛岛满中将坐在他的司令部内，看着作战参谋把美军进攻的蓝色标号不停地标在作战地图上，这些蓝色标号告诉他美军已占领了冲绳岛北部，正向日军重兵集结的南部运动。他心中万分忧虑。他十分清楚，这场战争已经输掉了，无论是谁都回天乏术。他对日本报界仍连篇累牍地刊登对守卫冲绳岛充满信心的报道不屑一顾。他忧虑的是国民会相信这些鬼话，依赖守不住的冲绳岛作为防御本土的最后一道屏障。

嘉数高地上的苦战

约翰·霍奇少将指挥的第二十四军开始南进数天后，日军顽强而坚固的防线挡注了美军的攻势，自登陆后一直势如破竹的美军遇到了很大的困难。

4 月 7 日，布莱克少将率领的步兵第九十六师一部，在海空火力及地炮的支援下，沿冲绳岛以西海岸向南突进，但遭到日军顽强反击，无功而返。

4 月 8 日和 9 日，该师冒着倾盆大雨再次向嘉数北方高地突击，一度占领一些重要阵地，但很快又被日军夺回。10 日，步兵第九十六

日军中将牛岛满

师在长达30分钟的陆海炮火支援下，再次向日军阵地突击，但到是日日终前，仅推进了300米。

美军攻势受阻毫不奇怪，因为日军将他们的重兵都集结在冲绳岛南部了。牛岛满把他的第三十二军一线排开，梯次部署在牧港、首里和南部三道防线上，藤冈武雄中将指挥的第六十二师团配置在中央，其左翼是铃木繁二少将指挥的独立混成第四十四旅团，其右翼是雨宫巽指挥的第二十四师团。这些部队都是清一色的关东军，装备精良，作战勇猛，他们拥有的火炮远远超出了一个军的正常配备数。日军已将生死置之度外，他们知道最后被消灭是不可避免的，但是仍恪守唯一的信念：尽最大努力让敌人多流血，只有这样才能为战时大本营的“本土决战、一亿玉碎”战略赢得宝贵的时间。

然而，在如何尽最大努力增大美军伤亡的问题上，日军却曾发生过激烈争论。

牛岛满是九州人，又在冲绳岛当过见习队长，对冲绳岛的气候、地形、风土人情很熟悉，他主张固守阵地，适时实施反突击，让美军为得到每一寸阵地都付出鲜血与生命，他向部下提出：“我们的阵地就是敌人的墓场！”

他对战争形势与前景再清楚不过了，他能够做的就是拖延冲绳岛陷落的时间，而不是将美军赶出冲绳岛。

但是，他的参谋长长勇中将却坚决反对他的作战方针。在日本陆军中，长勇称得上是一位风云人物。他戴着一副深度近视镜，走路低头含胸，外表虽一副老气横秋的样子，其实却骠悍骁勇。他自称他的战术思想属于柴田胜家学派，重视进攻。长勇性情粗暴，嗜酒如命，经常打骂下属，即使是他的上级也敢冲撞。他参加过1931年日本陆军中的一些少壮军官举行的“锦旗革命”，“流产”后被调往中国东北。1938年，他又在张鼓峰与苏军作战。在他眼中，只有日本近代陆军的“军神”乃木希典才称得上是真正的军人。此刻，他激动得面红耳赤，像挥舞武器一样晃动着他的长烟嘴，大吵大嚷要求发动全面反攻。

年近花甲的牛岛满不动声色地倾听着长勇的发言。几十年的军事生涯，练就了他处变不惊的本领。他从不加入陆军中的派系之争。在1936年发生的“二·二六”政变中，他始终对皇道派和统治派不偏不倚，他认为陆军军人的职责只是作战，而不是争权。

牛岛满的沉默，使在场的军官感到不安。可长勇却满不在乎，继续说道：“有些人喜欢采用以我之皮取敌之肉、以我之肉取敌之骨的战术，而本人却反对，我同意以我之骨取敌之骨的战术。每个日本人都应做到这点。这个战术适合大和民族的特性，也适合日本帝国的国情，这个战术就是特攻队战术，我们应以特攻战术对敌人发动全面反攻！”

★八原博通的愤怒

长勇的狂妄终于激怒了一位军官。

第三十二军高级作战参谋八原博通大佐是日本陆军中的奇才。他毕业于士官学校，3年之后就被破格录取到陆军大学学习。陆大毕业后，他又赴美国留学两年。太平洋战争爆发前，他说服上司，离开陆军省，只身潜入泰国和马来西亚，了解各方面的情报，拟定了日军进攻马来西亚和缅甸的进攻路线和战术要则。战争爆发后，日军按照他的作战预案，果然大获全胜。按理说，屡出奇谋的八原博通本应官运亨通，但事实却相反。饭田祥二郎中将的第十五军的参谋们，对这位才华出众的同僚恨得咬牙切齿，总是在上司面前说他的坏话。而在该军任职的八原博通对此却不以为然，仍我行我素，甚至不买饭田祥二郎将军的账，在作战问题上屡次与饭田祥二郎冲突，终于引起饭田祥二郎的恼恨，让陆军部解除了他的职务，调往陆大当了一名教官。

但是，八原博通仍不改性情，抱着“天生我材必有用”的信念，终日狎妓饮酒，口出狂言，一派狂士之风。而素有儒将之名的牛岛满偏偏看中了他。牛岛满接替渡边担任第三十二军司令官后，不惜屈尊降贵，拜请八原博通出山，协助他完成守备冲绳岛之重任。八原博通对牛岛满有所了解，知他城府颇深，起初无意出山相助，后见牛岛满言词诚恳，遂应允下来，但是有言在先，一切作战计划必须听他的。牛岛满知他能谋善断，满口应承，让长勇只负责作战，一切作战计划及战术原则均由八原博通处理，任何人不得干涉。

八原博通出山后，怀着士为知己者死的心情，恪尽职守，为牛岛满出谋划策，不遗余力，冲绳岛防御作战的计划就是他主持制定的。当时，有人坚持在水际滩头反击的作战方针，而八原博通却反对。他认为，兵无常势，水无常形，战争是复杂多变的事物，有的方案在彼时彼地成功，而在此时此地却会失败。他根据马绍尔群岛、马里亚纳群岛战役日军抗登陆战失败的教训，以及美军进攻作战的特点，预测未来美军在冲绳岛登陆的时候，和日军相比，兵力将占 3∶1、火炮将占 10∶1 的优势。登陆敌军的舰炮和炸弹犹如一

高级作战参谋八原博通大佐

柄铁锤，倘若在水际滩头反击，尽管会给立足未稳之敌以重大杀伤，但是铁锤会给滩头部队以粉碎性打击。一旦日军损失过半，冲绳岛将无法防守。因此，八原博通提出并制定了持久作战的方针。在具体战术上，他认为必须死守阵地，把美军登陆部队滞阻在滩头和内陆之间。因为美军会拼命争夺滩头。一旦夺取滩头以后，美军作战的主动性就会大大下降。这时，再由神风特攻队猛打敌军登陆舰队，陆军适时寻机反击，把敌军赶下海去。

八原博通见长勇力主大反攻，感到这是对自己精心拟定的作战方针的挑战，所以不免恼火，起身发言道：“以我之皮取敌之肉、以我之肉取敌之骨的说法，虽不是什么新东西，但是却反映了目前我军的实际力量。而长勇将军的以我之骨取敌之骨的战术，不过是拾人牙慧。放着现成的阵地不守，却要去攻击强大的敌人，无异于以卵击石，只能导致早日失败。明智的办法就是按照目前的打法打下去。”他强调道，“反攻只能给敌人造成少量伤亡，而使成千上万的皇军白白送死！”

但是，尽管日军军官不能否认八原博通是个军事奇才，却无法克制日本人在走投无路时想进攻的本能。第六十二师团师团长藤冈武雄蓦地站起来，支持长勇参谋长的反攻意见。第二十四师团师团长雨宫巽、独立混成第四十四旅团旅团长铃木繁二、海军基地司令大田实海军少将等几乎所有高级将领都对前一阶段的防守战术感到失望，表示应实施反攻。

牛岛满很为难，他对部属们的意见感到担心。几个月来，他对八原博通的意见言听计从，其中包括成立铁血勤皇队。但是他不能不考虑军心，这么多将军要求反攻，表明部队对前阶段的防守战术已十分厌烦，如不答应他们的要求，部队更难带，仗更难打了。因此，他决定对美军实施有限规模的反攻。

八原博通一听急了，反对说：“有限规模的反攻在美军强大的火力面前，只能导致浪费兵力，这与大规模反攻没有什么区别。”

但是，牛岛满不愿得罪众部属，下令于12日晚实施6个营兵力规模的反攻。同时，请求海军配合，对美军舰船实施特攻攻击。

11日晚，第六十二师团第二十二联队联队长吉田胜中佐率部实施这次反攻。临行前，他召集部下军官说明这次任务：“你们将摸黑行军，路不好走，敌人的炮火也会很猛烈。我们的计划一定要保密到底。我们将采取鳗鱼式的曲折前进路线，到一个不熟悉的地方去。到了那里不要发出声音，选择坚固的地方，挖好掩体，天亮前将它们伪装好，于次日夜向敌军发起进攻。”

日军个个背着重110磅的背包，冒着大雨踏着泥泞的道路向前线出发了。

日本海军有力地配合了这次反攻。12日晨，185架神风特攻飞机，

“樱花”虽然是很美的名字，但却是用于命名进行自杀的飞机，不能不说是一种悲哀

在150架战斗机和45架鱼雷轰炸机的掩护下，开始攻击冲绳岛周围的美军舰只。在这次特攻中，日军首次使用了新式武器“樱花弹”。它其实是一种由3枚火箭为动力的单程木制滑翔机，最高时速900公里，续航距离80公里，全长6米，全宽5米。看上去如同装了小翅膀的鱼雷。它装有1200公斤强力炸药，由一名驾驶员操纵。它挂在双引擎轰炸机机腹下，到达目标区后与母机脱钩，发动火箭引擎从8000米的高度向目标俯冲。美军给这种新式自杀武器起了个绰号，叫做“八格弹”（“蠢弹”），但这个绰号并没有减轻它在美军舰队中引起的恐慌。14时45分，第一枚“樱花弹”从母机腹部落下，射进刚被一架特攻机撞中的“曼纳特·阿贝尔”号驱逐舰上，立即将这艘舰劈成两半，导致该舰沉没。第二枚“樱花弹”又撞沉了“斯坦利”号驱逐舰。是日，美军有15艘舰船被日军特攻飞机炸沉炸伤。

然而，日军地面反攻却没有获得成功。12日夜，日军的各种口径火炮、迫击炮向美军阵地突然集中射击，在炮火的掩护下，吉田胜率部向美军发起进攻。但是，美国海军发射的照明弹使日军完全暴露出来，几乎成了美军强大火力的活靶子，不到1小时，反攻即告失败。

反攻的失败使八原博通再次得宠，牛岛满重新尊重八原博通的意见，继续坚守持久防御。

冲绳岛太大，第三十二军的兵力又太少，根据这个特点，八原博通为牛岛满在冲绳岛南设下了三道防线：牧港—西原防线、那霸—首里—与那原防线和岛南山岳防线。防御工事按最高标准建造，全部设在地下，各阵地之间有地道相连。

在牧港—西原防线有一条5号公路，它贯穿这道防线直通往首里。这条公路四周均是连绵起伏的石灰石丘陵，有许多天然山洞和星罗棋布的坟墓、台地、悬崖和山谷。从这条公路向西不到800米有一处两面是山、中

两名美国海军陆战队士兵正在进攻嘉数高地

间呈马鞍形的高地，它看上去算不上什么障碍，因为它既不高也不十分崎岖，只不过长满了青草、灌木和小树。但是，由于这个名叫嘉数的高地地扼公路，是个要地，因而成为双方必争之地。

4月上旬，美军几次进攻这个高地均告失败，形成了流血对峙的局面。日军反攻失败后，美军第二十四集团军司令霍奇认为，必须攻克这个高地才能突破日军防线。因此，他命令步兵第二十七师倾全力占领嘉数。为保证该师兵力需要，16日，他让参加津坚岛作战的第一〇五团归建。

巴克纳非常同意霍奇的作战设想，上报斯普鲁恩斯批准，申请海军派出905架舰载机给予强大的火力支援。战斗中，这些飞机把482吨炸弹、3400枚火箭弹、70多万发机关炮弹倾泻到了日军阵地。同时，特纳的第五十一特混舰队的战列舰、巡洋舰、驱逐舰也夜以继日地向敌阵地射击。

4月19日6时，美军向日军防线实施强大的火力突击。为保证火力突击效果，霍奇投入了他手中的27个炮兵营，火炮密度达每平方米1门。同时，379架作战飞机也升空助战。

应该说在火力突击地域没有任何生物能够承受住这种可怕的钢铁暴雨。但是，日军却奇迹般地躲过了它们，当美军步兵发起进攻时，躲在洞窟、岩穴、坑道中的日军纷纷钻出来，用各种火器向敌人射击，使美军难以推进。

美军见正面强攻不行，遂转而迂回攻击。步兵第二十七师师长克莱纳少将让一个坦克连掩护一个精锐步兵营迂回到嘉数和西原之间，从左翼向嘉数高地攻击。

日军早有防备，已将这个方向用迫击炮、机关枪、坦克炮等火力层层封锁。美军坦克冒着猛烈炮火推进，却被日军炮火打得东躲西藏，逐渐与跟进步兵拉开了距离。后面的步兵失去坦克的掩护更难推进，只得后撤。而冲到前面的30辆坦克无步兵的支援也不敢贸然深入，被迫折回，等返回原来进攻出发的阵地时，已有22辆坦克被日军击毁。

在右翼担任助攻任务的步兵第九十二师仅占领了西原高地前面的斜侧阵地；左翼步兵第七师为日军顽强抵抗所阻，根本未推进一步。

次日，美军再次向嘉数高地进攻。5时40分，美军6艘战列舰、6艘巡洋舰和8艘驱逐舰率先用舰炮射击日军阵地。20分钟后，27个炮兵营的324门火炮同时炮击日军前沿阵地，然后抬高炮口向敌后延射400米。6时30分，炮口放低，对前沿又轰击了10分钟。在太平洋战争中，就一次炮击而言，这次是最猛烈的，共发射炮弹1.9万发。

接着，步兵第九十六师、第七师发起佯攻。50分钟后，步兵第二十七师从防线西面向嘉数高地猛攻。

但是，轰击之猛虽然前所未有，日本军队的阵地却安然无恙。

尽管美军进攻猛烈，却全被击退，伤亡惨重，到黄昏时第二十四军伤亡达720人。

在后来的几日，美军推进仍极缓慢。虽然步兵第九十六师突破了西原防线，但在纵深前田高地上受阻。

屡次失利，崔奇建议巴克纳在敌军防线背后进行两栖登陆作战，使敌人首尾不得兼顾。但是，巴克纳却拒绝了这个建议，他认为，冲绳岛南部海岸暗礁太多，海滩不适合装卸给养，即使登陆后建立了滩头阵地，也会陷于日军的包围中，不能向纵深发展。

巴克纳的想法或担心虽然合乎逻辑，但并不正确。其实，牛岛满当时最担心美军采取这样的行动。因为，为了守住前面的阵地，日军已把后方的预备队都调了上去，后方已无整师建制的部队，一旦美军从冲绳岛南部登陆，这场战役恐怕就要结束了。

遗憾的是，美军没有这样做，一点一点地打下去，他们还要付出重大代价，甚至包括巴克纳本人的生命。

巴克纳准备把海军陆战队的部分兵力从冲绳岛北部调到前线，他命令盖格海军少将从陆战第一师抽调一个坦克营加强给步兵第二十七师。

然而，盖格却对此提出异议。他不反对陆战队参加南部作战，却不同意把他的第三军一点一点地调入陆军指挥下。他认为，假如有必要让海军陆战队参加南部作战，应该将整个建制师调入，而不是一个营。所以，第一师的坦克营仍在原地待机。

巴克纳见盖格拒绝执行命令，心中不快，但又无可奈何。一来他是陆军将领，而此次作战的最高指挥官是海军将领，闹起来，不见得有什么好；二来盖格的意见也不无道理。于是，他采纳了盖格的建议，让海军陆战队第一师迅速向南开进，换下在嘉数高地战斗中伤亡过大的步兵第二十七师，同时，将步兵第七十七师从伊江岛调入，把伤亡较大的步兵第九十六师换下休整。

巴克纳的意图是：把两个新锐师配置在最前线，加上步兵第七师（该师在前一阶段伤亡较小），以陆战第六师为集团军预备队，准备再次向日军阵地发起总攻。

但是，正在这时，情报部门报告，日军已放弃嘉数高地向后收缩，美军已占领了这个高地。

这个消息使得巴克纳等人大为惊讶，他们实在不明白，为什么日军会放弃这个几天前美军费了九牛二虎之力也未攻克的高地？

原来，上次反攻失利后，八原博通的坚守方针再次占了上风。八原博通有些踌躇满志，进一步提出收缩战线，将兵力集中在大名—安波茶—幸地—与那原一线，形成环形防御，保卫首里。牛岛满批准了他的计划，悄

参加首次轰炸东京的美军

悄地将部队在美军的眼皮底下撤了下来。

但是，牛岛满很快被他手下那些越来越急躁的将领吵得改变了主意。他决定开会再议反攻作战问题。会议在第三十二军首里地下的“L”形司令部中举行。这个司令部设在地下坑道内，全部用钢筋水泥做了加固，水泥顶上还有几层交叉的圆木，它们是从冲绳岛北部伐运来的。为修筑南部工事，日军共采伐了20万棵大树。坑道十分坚固，能承受一吨重炸弹的直接命中。纵向坑道中有发电设备、航空通讯室、军医室、病房、情报室、电台室、食堂；横向坑道则是日军冲绳岛战区的指挥中枢，设有司令官和参谋长办公室、作战室、会议室、密码室、地空和地海电讯中心。由于正值高温雨季，坑道中闷热、潮湿，空气混浊不堪，但是在美军暴风雨般的炮击中，却给里面的人们以安全感。

会议一开始，一向平静沉稳的牛岛满就激动地说道：“冲绳岛战事已进行20余天，诸君与鄙人共同奋战，艰难抵抗，迫使敌人始终无法占领，冲绳岛在帝国将士的手中已成为帝国本土的前哨。诚望诸君为此目的继续奋战！”

说罢，他以少有的严峻目光扫视一下会场，继续说道：“自敌人登陆以后，敌兵骄横肆虐，残杀我同胞，践踏我国土，为打击敌人的嚣张气焰，我决定配合战时大本营的‘菊水特攻’，向敌发起反攻，夺回读谷等机场，使冲绳变成保卫本土的防波堤。”

话音落后，满嘴酒气的长勇参谋长就应声发言：“我完全同意司令官的意见。前一阶段，敌陆上部队的攻势屡被我败，伤亡惨重，敌海上力量又遭我神风勇士的大量杀伤，士气低落，正是我们反击的大好时机。”

几个师旅团长也赞同反攻。藤冈武雄声称：“身为帝国军人应杀身而成仁，整日躲在阴湿黑暗的洞穴坑道里，过着鼹鼠般的生活，算是怎么回事?！我的部队基本完整，具有攻击的实力，企盼司令官早下反攻命令！”

携带“樱花”的日军战机

在一片赞同反攻声中，唯有八原博通不作声，他觉得牛岛的变化太快了！两天前，司令官还诚恳地向他表示歉意，拜托他为坚守防御尽职尽责，怎么一下子全变了！战争会使人丧失理智！八原博通思维的焦点集中到这个结论上，但他的面色仍很淡漠，旁若无人。

“八原君，你有何意见？”牛岛满终于点将了。

“真的要征求我的意见吗？”八原博通不免有些动气。

“当然。”

“胡扯！”八原博通脱口骂道，不禁令所有在场的人大吃一惊，在等级制度森严的日军中，这种现象是不多见的。

八原博通毫不在乎大家的情绪，既然开口，就毫无顾忌地说道：“太平洋战争已打了 3 年，难道诸君还没有认识到美国人是一个实用主义的民族吗？他们精于算计，从来不肯白白浪费金钱与生命。从瓜岛争夺战到硫磺岛战役，美国人每次都有新的战法，都使用了新的武器，从不恪守陈规，只要能达到目的，他们从不在意丢掉任何传统的东西。而我们呢？为什么要抱着‘进攻第一’不放？难道宁肯战死也誓不投降就是帝国军人的战斗目的吗？错了！我们的目的是保卫帝国。几年来，我们在战争中已经学会了如何抗登陆作战，迫使美军流的血一次比一次多。但是，我们做得还不够，我们应该把用德意志进攻精神练就的皇军变成一支防守型军队，这是战争的需要！从现代战争理论上讲，一名依托工事的士兵，能抵御三名进攻的士兵。自瓜岛战役以后，美军占领太平洋岛屿无数，为何却迟迟未能踏上大日本帝国本土的原因，就在于此。因此，我们有什么理由放弃防守，去逞匹夫之勇呢？目前，敌兵浩大，占有绝对制空权和制海权，却未能占领冲绳岛，就是因为我们依托了坑道工事，使他们的火力优势无法起作用。他们巴不得我们跳出坑道反击，倘若反击失败，我们还有力量保住坑道及防线吗？”

遭到猛烈攻击的“伊势”号战列舰

八原博通的发言，有条有理，分析缜密，与会者一时语塞。

这时，参谋总长梅津美治郎派来参与战事的高级参谋清冈永一大佐站了起来。清冈永一原在塞班岛步兵第四十三师团师团长斋藤义次中将手下任职，后来调到火山列岛的父岛。硫磺岛守军司令栗林忠道中将听说他了解美军的作战特点，专门请他去介绍情况，并根据清冈永一提供的材料，较大幅度地调整了防御部署，加强了工事。栗林忠道认为清冈永一是个难得的人才，于是向军部写信推荐。梅津美治郎接见他并谈话后也觉得满意，考虑到冲绳的重要性，便用飞机把清冈永一送到了冲绳岛，命他协调防御事务。

清冈永一踌躇满志，要在冲绳岛露一手，但是却遇上了强劲对手八原博通。他与八原博通一样，是日军中的少壮派，对西方军事思想了解甚多，喜爱采用新思想、新兵器和新战术，对旧式军人不屑一顾。刚来冲绳岛时，两人交往甚密，经常通宵达旦地饮酒长谈。清冈永一却没有想到八原博通城府很深，当他从清冈永一那里套得塞班岛和硫磺岛的有关情报后，便渐渐疏远了他，越接近登陆日，八原博通越冷淡，等到战役打响，清冈永一就像被榨干的柠檬一样被抛弃了，这使得清冈永一大为气愤。本来他是反对反攻的，但是他却要打击一下八原博通的狂妄，因此他一改初衷，说道："我不同意八原君的意见，因为这是懦夫之见。美军在冲绳岛的地面部队有陆军和海军陆战队两部分，分别受不同的训练，军人信条和战术意识都截然不同。论作战能力，只有海军陆战队可与我们相匹敌，而其陆军则差多了，因为美国陆军中士兵大多为新兵，士气低落，厌战思想重，特别是他们的第二十七师，我早在塞班岛上就领教过了，是素质最差的一支军队。"

清冈说到这儿，扫视一下会场，见大家听得全神贯注，兴奋地继续说道："美军顺利登陆，先是盲目乐观，以为我不堪一击，骄横推进。但当遇到我坚固防线，伤亡惨重，遂又士气下降，重新调整部署，企图围而不打，减少流血，将我军封锁在冲绳岛之南。我认为，我军应趁美军疲惫、士气低落之机，发起反攻，振奋官兵士气，把冲绳岛保卫战推向新高潮。”

牛岛满插话道：“你是否考虑到敌人的海军优势？”

清冈永一回答：“诚然，敌人拥有海空控制权，也占有火力优势，但是现在我们与敌人犬牙交错，敌人不可能不投鼠忌器，这样就很难施展他们的火力优势，而我军则可发挥近战白刃格斗的长处，以长克短。我想任何不被敌人炮火吓怕的帝国军人，不会不明白这个道理吧！”说完，他狠狠扫了八原博通一眼，心里感到非常解气。

牛岛满蛮有兴趣地询问反攻的突破口应选择在哪个方向。

清冈自上岛后，还从未被如此器重，有些受宠若惊，赶忙说道：“承蒙司令官信任，我认为突破口应选在敌人的接合部。因此我军应从安皮茶和幸地之间突破，这里正是敌陆战队第六师和步兵第二十七师的接合部，突破后，经棚原、南上原，直捣中城湾，切断并包围敌步兵第二十七师大部和第七十七师一部，并加以歼灭。”

清冈永一的意见使牛岛满等人大为振奋，赞不绝口。牛岛满下令各部队抓紧时间准备反攻，并叮嘱藤冈武雄和雨宫巽，一定要守住前田高地。

长勇在会后拍拍八原博通的肩膀，有些揶揄地说道：“八原君，别太多虑，要死就一块儿死，快点儿制订反攻计划吧。”

八原博通脸色发白，一声不吭，脸上的肌肉不断地抽搐。自从军以来，一向自负的他还从未挨过如此闷棍。他心想：等着瞧吧，还不知会怎样呢！我不能让你们懂得防守的重要，美国人会教会你们的！

日本“樱花”战机

被美军俘获的日军正在吃由美国士兵发给他们的口粮

“菊水特攻”，“大和”号最后的出击

被日军自杀飞机攻击的“企业”号航空母舰

从“新泽西”号战列舰上看到日军自杀飞机撞击“勇猛”号航空母舰

第五章

代价高昂的胜利

★美军动员了所有火炮向日军前沿和纵深回击，甚至不惜炸到自己的前沿部队，凡是日军的攻击方向上，没有任何一寸空间没有落下炮弹。雨点般的炮弹封锁了所有地区，给敌人造成很大杀伤。

★说完，尼米兹一行和巴克纳又去海军陆战队第三军视察。在盖格海军少将的指挥所，争执再起。

★斯普鲁恩斯躲过了这场劫难，他的卧舱尽管仅与被炸毁的舱室隔着两条走廊，却毫发未损。等他的部下提心吊胆地去抢救这位海军上将时，斯普鲁恩斯已镇定自若地指挥损管队用水管灭火了。

★冲绳战役和前不久进行的硫磺岛战役，使美军深深明白，如果要在日本本土实施登陆，将面对怎样的疯狂抵抗。美军参谋长联席会议估计，在日本本土登陆，美军将伤亡 100 万人，因此促使美国最终决定对日本使用刚研制成功的原子弹，以尽快结束战争。

日军的垂死挣扎

美军占领嘉数高地调整完兵力部署后，即向前田高地发起进攻。

前田位于5号公路西侧，为石灰岩地形，是日军大名—安波茶—幸地—与那原环形防线核心阵地的前沿制高点，一旦失陷，日军整个核心阵地将被美军包围。因此，牛岛满十分担心该高地的安危，下令给藤冈武雄："有迹象表明，敌步兵以坦克为先导正向前田高地南部和东部战线运动，你部须向这两个方向派出部队，攻击向前田防线推进的敌军，坚决击退之。"同时，还命令第二十四师团打破师团界限，协助第六十二师团，不惜任何代价守住前田高地。

4月27日上午，美军步兵第九十六师集中步兵、坦克和火焰喷射装甲车，密切协同，向前田高地发起猛烈突击，占领了高地东端的阵地，打开了突破口。牛岛满闻讯大惊，立即命令第六十二师团右翼的第二十四师团火速增援，堵住这个突破口。雨宫巽不敢怠慢，立即将一个联队的预备队调往前线。这支增援部队的先头特遣队是日本陆军最年轻的大尉志村常雄指挥的独立大队，他的600多名部下大多从未打过仗。

★志村大队重夺东端阵地

4月27日晚，志村大队通过首里。在一个天主大教堂对面的街道上，志村常雄看见东一具西一具躺着数百具尸体，像横七竖八堆着的"布娃娃"。一堵石墙上沾满了人肉，鹅卵石的道路上到处是鲜血。原来，傍晚时分，美机空袭，正巧一辆弹药车路经此地，一颗炸弹炸个正着，满车弹药爆炸的气浪，把附近的行人拉入了地狱之门。

志村常雄有些恶心，传令部队加快速度北进，他不愿让没有打过仗的部下蒙上恐怖的阴影。

但是道路泥泞，还要不时躲避美军的夜间炮击，志村大队行动缓慢，直到次日凌晨，才到达预备阵地。

3时许，志村常雄率部向前田高地东端阵地发动进攻，不料，他们刚向前运动，便被美军发现，几发迫击炮弹落在日军中间，伤亡一片。志村常雄整理好队形，继续向前推进。正当他们在晨曦中爬上陡坡时，美军坦克如觅食的猛虎般突然出现在日军推进方向右翼的5号公路上，所有坦克一起开炮，顷刻间有100多名日军被打死，未死的日军连忙爬进马蹄形坟墓和简易的掩体内，或躲在岩石后面，志村常雄大尉和另外7名日军在一座坟墓中蹲了一天。

太阳西下，美军坦克离去。志村常雄小心翼翼地走出坟墓召集部属，发现阵亡了200余名官兵。但联队长中村一郎中佐仍坚持要他当晚攻下阵地。

志村常雄把一块白布绑在背上作为标志，率领部下沿一条干涸的河床前进。

当他爬上一个陡坡时，不小心掉进一个伪装极好的岩洞内，正欲爬起来，却被一伙人按住，他心中一惊，听见对方操着日语，知道是自己人，忙用日语说出身份。原来这伙人是前田高地东端阵地的守军，阵地失守后逃避在此。他们见增援部队上来，莫不欢欣鼓舞。为首的贺谷川大佐紧紧抱着志村常雄的臂膀，泪流满面地说道："今后，全靠你了！"

志村常雄了解到洞内的败兵已数月未进水米，浑身无力，不能指望他们壮大自己的力量，遂好言相慰，返身离开山洞，率部队继续前进。

深夜时分，他们终于摸到美军阵地脚下。敌阵地一片静谧，只有哨兵不时晃动，显然美军并没有发现志村大队。志村常雄暗自庆幸，传令发起攻击。只见日军猛然投出手榴弹，在轻机枪的火力掩护下，端着明晃晃的刺刀，高喊着冲过山梁，趁势冲上高地顶部。

东端阵地的所谓顶部，其实是一块孤零零地立在山顶上的石灰石，活像是耸立于城堡的塔楼，美军给它起了个绰号，叫做"斜岩"。睡在梦中的美军，被打了个猝不及防，大部分战死。

志村大队消灭了阵地上的美军，马上散开，藏在岩石后面或小山洞里，构筑了一条长 100 多米的防线。

志村常雄占领东端阵地，适逢美军在调整兵力部署。连日来的拉锯战，使美军一线步兵师的战斗力已减弱到 1/4，有的排只剩下五六人。巴克纳听到日本夺回了前田高地东端阵地，心中不免焦急，严令调上来的海军陆战队迅速夺回阵地，重新扼制 5 号公路。

在神社前广场上作最后告别的年轻军人，他将踏上一条不归之路

美军 LSM-195 登陆舰

但是，海军陆战队的每次冲锋都被从连成一串的山洞里冲出来的日军打退。巴克纳正要向此要点投入更大兵力，又得到日军全线发动反攻的报告，只得把精力投入到对付日军反攻上，这使得伤亡愈来愈大的志村大队有了喘息之机。

5 月 3 日黄昏，按预定计划，日军开始炮击美军阵地，神风特攻队机群也同时攻击美军舰只，击沉“利待尔”号驱逐舰和 LSM-195 登陆艇。午夜刚过，60 架日军轰炸机在美军第十集团军后方地域狂轰滥炸。与此同时，日军两栖部队在美军后方东西两海岸实施登陆。这是牛岛满反攻作战中的一个虚招，目的是要诱骗美军把主力调到那里去抗登陆。

但是，美军太强大了，他们后方的兵力兵器足以对付团以下规模的登陆战。日军在西海岸登陆的部队选择的登陆点正巧是美海军陆战队的集结地，刚上岸，便被绵密的各种火力打得伤亡累累、所剩无几。美军抓到的唯一俘虏是只信鸽。幽默的美军士兵在信鸽腿上绑了封信，信中写道：

"我们把鸽子归还你们，非常对不起，带它来的主人已在我们这里沉睡不醒，只得由你们亲自来此带回。"

这是美国人对日本人的嘲弄！

比起西海岸的登陆部队，日军在东海岸更惨，他们还没上岸，就被美军巡逻艇发现，照明弹把那一带海岸照得通明，赶来的美舰队将日军驳船全部击沉，船上两栖部队均葬身海底。

牛岛满并不在乎两栖部队的覆灭，相反他却认为他下的这个诱饵被鱼咬住了，美军已被吸引到那两个方向，他要从正面发起全面反攻。当然，倘若他知道自己的两支倒霉的两栖部队是被美军后方部队消灭的话，就高兴不起来了。

5 月 4 日 4 时 50 分，牛岛满集中了所有炮兵，向美军陆战队第六师和步兵第二十七师的接合部阵地猛烈射击，炮声震耳欲聋，一直持续了半个小时，其火力密度之大，为太平洋战争中罕见。日军第五炮兵联队几乎打光了其弹药储备的 2/5。美军惊讶地看到，一堵火的墙壁在他们面前推进，弹片横飞，景况惨烈。

炮击延伸后，天空中升起两颗红色信号弹，日军如潮水般汹涌而上。战斗力最强的第二十四师团突破了美军阵地，冲到最前面的第三十二联队伊东孝一大尉指挥的一个大队，在坦克的掩护下，冒着枪林弹雨，推进了两公里。虽然美军准确的炮火击毁了一辆又一辆的坦克，但是伊东孝一仍决定继续进攻，率部朝第一个目标冲去。这个目标就是棚原高地，它位于前田高地东北 2.4 公里处。

美军动员了所有火炮向日军前沿和纵深回击，甚至不惜炸着自己的前沿部队，凡是日军的攻击方向上，没有任何一寸空间没有落下炮弹。雨点般的炮弹封锁了所有地区，给敌人造成很大伤亡。

然而，牛岛满仍认为取得了预期目的，他把希望寄托在已被美军炮火隔绝了的伊东大队身上，命令伊东孝一要在当晚攻占棚原高地。

伊东孝一率领部队沿 5 号公路两侧推进，一度被炮火所阻，后来日军坦克摸黑开了上来，他们才得以继续向前推进，终于走完通往棚原的 2.4 公里路程，占领了棚原高地，天亮前在山坡上修筑了一条弧形阵地。

伊东孝一刚吃完早饭，美军就发起进攻，意欲夺回高地，连续两天，虽然伊东孝一指挥部下打退了美军数十次进攻，但是也有很大伤亡。在敌人的猛烈炮火和火焰喷射器的打击下，伊东孝一手中的兵力越来越少，只剩下百余人。

牛岛满和长勇等人意识到反攻已经败北，经过两天作战，约 5000 名

搭载步兵行进中的 M4 坦克

日军战死，逾万人受伤，再打下去，手中的老本会全赔进去，于是，几天前发出“全军北上”命令的牛岛满，又发出了“原位置复归”的命令，忍痛撤退。可是，能原位置复归者有几个人呢？

伊东孝一接到撤退令后，于5月7日深夜，率残部摸黑南下。但在通过美军火力封锁线时，几乎全部战死，只有他及另外十几个人突破重围。

志村常雄接到撤退命令，望着阵地上残存的百余名个个挂彩的官兵，认为突围无望，遂决定留下来死守，他对部下说：“愿意撤的，马上走；想跟我留下来的，可以留下，我要在这个高地上坚持到死。”大部分官兵留了下来，但一日后，即被美军全部歼灭，美军占领了前田高地。

牛岛满见此次反攻伤亡惨重、元气大伤，心情十分沉重。他诚恳地向八原博通道歉道：“你的预言是正确的，反攻已经失败。开战以来，总是

美军“大黄蜂”号航母遭到日军飞机的攻击

给你背后掣肘，实在抱歉。现在，我已决定中止反攻作战，不按‘玉碎’的原意打下去，今后的一切均委托给你了，诚望你鼎力相助！”

八原博通悲愤地说道：“可是我们的战斗力已经耗尽，司令官再说这些有什么用呢？”

长勇在旁劝慰道：“虽说如此，但是我们的神风勇士会帮我们报仇的！”

美国海陆军的风波

自太平洋战争爆发后，美军舰船无论是装甲很厚的战列舰，还是小小的扫雷艇，从来没有像今天这样没有安全感。几次“菊水特攻”，使美国海军将领无法施展他们的军事艺术和实力。日军的神风勇士把死神送到美国海军每一艘舰船周围，使每一名官兵都在地狱门前徘徊。

然而，斯普鲁恩斯却面不改色地忍受着这一切。死神对他的威胁比对他的每一名部下都要大，因为所有的神风勇士手中都有一张“新墨西哥”号战列舰的侧面图，上面醒目地注明：雷蒙德·斯普鲁恩斯海军上将旗舰。

斯普鲁恩斯不能退缩，他比任何人都清楚“新墨西哥”号战列舰在自杀飞机密集如雨的攻击中的意义，只要他和战列舰在，就是一种鼓舞，即使旗舰沉了，他的上将军旗也会在别的舰上飘扬，激励官兵们为正义而战。他所忧虑的是冲绳岛久攻不下。

★高度警戒的冲绳岛

远在关岛中太平洋战区司令部的尼米兹听说冲绳岛战役受阻忧心如

美军"新墨西哥"号战列舰

焚，决定去那里视察。一架专机载着尼米兹和海军陆战队总司令阿切尔·范德格里夫特四星海军上将等人，在12架战斗机的护航下飞赴冲绳岛。傍晚，尼米兹一行在读谷机场降落，这时，冲绳岛上发出了空袭紧急警报。海军高级将领们惊恐地盯着一架神风特攻机在空中盘旋后冲向附近的一艘货船，一阵闪光和一声爆炸过后，升起了火焰和黑烟。远处，有一艘驱逐舰和一艘扫雷艇被击沉。

斯普鲁恩斯热情地用汽艇把尼米兹接到了自己的"新墨西哥"号战列舰上。此时，他十分担心自己旗舰的安全，倒不是为自己，而是因为这条舰上集中了中太平洋战区海军的全部高级将领。任何一个神风特攻队员只要对准这艘战列舰撞下来，就会给山本五十六海军大将报仇雪恨。

为此，他给所有飞行员下了死命令，必须击落任何飞临"新墨西哥"号战列舰停泊海域上空的日机，必要时不惜同敌机相撞。斯普鲁恩斯真正成了尼米兹等人安全的保护神。正当他们坐下来进餐时，日军飞机又发动了一次空袭，但均被击落。尼米兹在给妻子凯瑟琳的信中叙述了他对这次空袭的感受："没有一架敌机能飞到我们的上空。53 架敌机被我机和护卫舰上的炮火击落，而我们来视察的一行却没有享受到目睹日机坠落的兴奋之情。"

次日，斯普鲁恩斯陪同尼米兹率领的战地视察团上岛到各地视察。他们边走边讨论起冲绳岛在进攻日本本土作战中的作用。尼米兹认为，冲绳岛可开辟 18 个机场，刚刚被步兵第七十七师占领的伊江岛可再辟 4 个供 B-29 型轰炸机使用的机场。由于冲绳岛还可提供几个良港，故不需再在琉球或中国开辟进攻日本的支援基地。

在陆军司令部内，尼米兹与巴克纳寒暄过后，有些不满地说道："西蒙，请加快一点儿进攻速度，我要把支援舰队撤出冲绳岛海面，因为敌人的特攻作战威胁太大，我的舰队被迫留在冲绳海面上挨打，情况比在珍珠港事件中还糟。日机看也不看就能撞沉我的一艘优秀军舰，简直像在养鱼池钓鱼。"

巴克纳听后很反感，如同日军一样，美国陆海军也一向不和，他要为陆军辩护。他说："我的部下已尽了最大的努力，敌人很顽强，急不得，一急就要多死人，地面作战有其固有的规律。海军对我们陆军作战给予的

美军 B-29 型轰炸机

支援我终身难忘，但愿我们之间的争吵不要被敌人所利用。”

他的这句话分明是说，冲绳岛如何作战严格上说是陆军的事，如海军不插手，他将感激不尽了。

尼米兹作为海军高级将领与陆军打过无数交道，双方经常发生分歧。在太平洋战争反攻中，他与陆军将领麦克阿瑟就产生了激烈争吵。麦克阿瑟主张以西南太平洋为主要反攻方向，欲重新夺回菲律宾，洗刷昔日兵败马尼拉之辱，而尼米兹则坚持以中太平洋为主轴发动反攻。双方各不让步，最后闹到罗斯福那里，由总统出面折中才调和了双方的分歧。因此，尼米兹自然知道巴克纳的弦外之音。他冷冷地扫了一眼这位陆军司令，说道：“是的，也可能是一次地面作战，但是我却每天损失一艘半军舰。我不能容忍这种情况继续下去，所以，如果战线5天内仍不能突破，我将调别的部队突破它。这样，我们就全都可以从这些愚蠢的空袭中抽出身来了。”

美国海军将领范德格里夫特

说完，尼米兹一行和巴克纳又去海军陆战队第三军视察。在盖格海军少将的指挥所，争执再起。

范德格里夫特对巴克纳的作战思想十分不满，他激动地说：“陆战队到冲绳岛的唯一目的就是作战！但是，为什么光在敌正面防线上单纯强攻，死死纠缠，而不使用陆战队在敌人的侧翼和后方进行一次真正的两栖

美军陆战队员展示缴获的日军旗帜

登陆？”

他认为陆军是因为想独吞攻占冲绳岛的荣誉才不肯这样做。

巴克纳听后不以为然，他说：“这是一个早已被否决的老问题。我的第七十七师攻占伊江岛后，安德鲁·布鲁斯师长就建议可乘势实施这种迂回进攻的战术。这是个不坏的想法，第十集团军参谋部曾经长时间认真地研究了这项计划，结论是冲绳岛南海岸和东南海岸岩壁峭立，没有适宜进行这种登陆的滩头，一旦强行登陆，势必全部暴露在敌人的强大炮火下，将成为又一个意大利的安齐奥，而且会更惨。所以，我仍采取目前的战法，用强大的火力把敌人从据点、墓穴、山洞中轰出来，一点一点地消灭。”

一直在旁聚精会神听着两人争辩的尼米兹本来也打算在冲绳岛南部搞一次两栖作战，听到巴克纳以安齐奥战例作为反对的理由，不禁心中一惊。他知道这个战例。1944 年 1 月 22 日，美英联军的 6 个师在意大利的安齐奥登陆。该地位于罗马南面 48 公里、德军防线后面 113 公里处。盟军登陆的目的是要切断德军前线与罗马的交通线。但是，冯·马肯森将军指挥的德国第十四集团军很快包围了尚在滩头阵地的登陆部队，直到 5 月 23 日突围，盟军的登陆部队也没有达到预定目的，反而死伤 7000 余人。

尼米兹不愿重犯这个错误。所以，这次他站在巴克纳一边，鼓励他道："把你的所有兵力火力都投进去吧，但愿你早日成功！"

不料，这次视察讨论的问题却引发了一场"报人讨伐战"。纽约《先驱论坛报》记者霍默·比加特不知从谁那里得知在冲绳岛建立第二个登陆地点会更好一些的意见，便在报上评论道："我们的战术十分保守，为什么只知道正面强攻，而不在敌人屁股上踢一脚？"一时各报纷纷议论。

海军作战部长金上将忍受不住报界的大肆鼓噪，发电报给尼米兹，让他解释"冰山"作战出了什么问题。

尼米兹也恼火有人泄露机密，但又查不出来，只推说自己不懂陆战，让金上将问问范德格里夫特。

范德格里夫特仍对陆战队第三军指挥所中的那场争论耿耿于怀，他十分坦率地回答了金上将的询问："巴克纳打的是一场时间消耗战，这是陆军特有的价值观，但在冲绳岛却完全不合适，因为这会使得我们的舰队暴露在空旷的海面上，任凭神风特攻机宰割。"

这时，报纸的攻击更猛了。专栏记者戴维·洛伦斯抨击道："某些海军高级将领认为，冲绳岛战役中有一个严重的错误，陆军军官是否采取了一个缓慢推进的方针？有无其他登陆地点可资利用？为什么那些在登陆作战方面具有丰富经验的陆战队军官却没有机会采用另一种战术？这种战术可能意味着开始时将出现较大的陆上伤亡，但是武装部队作为一个整体最后可迅速获得全面的胜利。”

“报人讨伐战”震动了美国海军中枢，金上将等人认为，倘若海军再不表态，陆军决不会继续沉默了。一旦陆军发难，引起陆海军不和，将对战局大为不利。因而，一向不善于同报界打交道的金上将，让海军部长福雷斯特尔以及特纳、米彻尔联合发表一项公开声明，向国人宣布陆军在冲绳岛战役中采取的战术是正确的，陆海军的团结坚如磐石。在海军中，福雷斯特尔的海战韬略、特纳的两栖战经验、米彻尔的勇猛顽强是无人可比的，所以，他们的声明终于堵住了记者的嘴，平息了这场笔战。

尼米兹非常理解金上将的决定，他从冲绳岛返回关岛司令部即破例举行记者招待会，向 76 名记者宣布：“陆军在冲绳岛战役中打得很漂亮，在敌侧翼登陆将比陆军目前的战法付出更大的代价，花费更多的时间。我们海军坚决配合陆军打到底！”

然而，奉陪到底谈何容易。斯普鲁恩斯这位冲绳岛战役最高指挥官最

休息中的美军

清楚，地面作战每延误一天，对海军舰队来说会带来些什么。从感情上讲，他希望把整个冲绳岛包给海军陆战队。海军的时间观念很强，宁要时间不要命，交给海军陆战队，仗也许打得利索得多。但在理智上，他不得不承认陆军的战术无可指责。在敌人坚固设防的岛屿登陆，作战可能会出现许多意外，时间会相应延长。硫磺岛日军只有一个师的兵力，3 个陆战师还打了一个多月，更别说比硫磺岛大得多的冲绳岛了。冲绳岛战役是一场典型的地面作战，而不是两栖作战，没有任何理由诋毁巴克纳的指挥艺术。

虽说如此，斯普鲁恩斯还是希望陆军早日攻占冲绳岛，每天扑天盖地而来的神风特攻机对舰队的威胁太大了，说不定哪一天就会降临到“新墨西哥”号头上。

但是，这一天终于还是来了！

美军 B-29 型轰炸机的机头

神风特攻机降临“新墨西哥”号

青木保宪记不清培训了多少名神风勇士了，而他也不想知道。忠君与犯罪感一直折磨着他，他培训的神风勇士没有一个再回来见他，都是些20岁左右的青年，甚至胡子都还没长硬。

尽管如此，战局依然恶化，没有任何迹象表明神风特攻会扭转乾坤。青木保宪不愿再痛苦地折磨自己，认为自己反正也活不到战争结束。不如做个神风勇士死去，对恢复自己因把许多青年送到地狱而失衡的心理也许能有帮助，至少有些安慰。

终于轮到他了。

★青木保宪的选择

这天，青木保宪正在上课，一名大佐进来让他停止讲课，征集参加特攻队的志愿者。每个飞行员、教官和学员都要在纸上签名，自愿参加的就在自己的名字上画个圈，不愿去的就画个三角。没有强迫命令，有几个人迟疑地在自己名字上画了三角，青木保宪虽觉得画三角的都是胆小鬼，但却理解他们，他自己则画了圈。

画圈后，青木保宪意识到自己已被判处死刑。随着机械师把普通飞机改装成自杀飞机，他的注定要死之感也随之增强。自杀飞机的机身安装了副油箱，机翼两侧可各装上一颗重250公斤的炸弹。青木保宪检查完自己的飞机，不由得想：“这就是我将驾驶着进行有去无回的飞行的飞机啊！”

一周后，青木保宪所在的飞行队被调至九州岛上的鹿屋，那里是飞往冲绳岛的出击基地。死神愈来愈近了。黄昏，他看见一队神风特攻机朝冲绳岛飞去，心想明天就该轮到他了。

次日中午，青木保宪躺在草地上，眼睁睁地看着他那个飞行队的机群被牵引到跑道上，准备去执行任务。猛然间，空袭警报又凄厉地叫起来，美机又来轰炸这个基地了。青木保宪一动也不动，他对自己说："炸死也没什么，反正是死，只希望来世是个平静的时代。"可是，空袭过后，片刻前对他来说仿佛一文不值的生命却变得比任何时候都宝贵了，能够多活一小时、一分钟、一秒钟也有无穷的价值。他看见一只苍蝇落在一片草叶上，感慨地说道："多幸运呀，你还能活着！"

晚饭后，飞行队集合，听取有关次日任务的最后指令。一位将军命令道："明日你们将成为'菊水特攻'之勇士，每个飞行队升空后，可自由

战火洗礼后的岛上树木

选择飞行高度和路线，但目标只有一个：一机撞一舰！”

天快亮时，青木保宪醒来，他知道这是自己活在人世间的最后一天。天气晴朗，万里无云，他觉得格外清爽，提笔分别给父母及4个弟弟、妹妹写明信片，上书：“我神土决不会毁灭，愿天照大神保佑帝国之日永不落！”写毕，他把剪下的指甲屑与一绺头发包起来，连同明信片交给了留守军官。

黄昏，基地为青木保宪一行举行隆重的欢送仪式。青木保宪喝了不少酒，满脸通红，感到有些头重脚轻。在最后一次检查时，有位大佐在青木保宪跟前停下来，问他脸色为什么这样红，并说：“如果你觉得不舒服，可留下来，下一批再去。”

“不，没有问题！”青木保宪忙答道。

青木保宪在基地全体军人的目送下，飞上了天空，起落架自动掉了下去。飞机爬上3000米高空，下沉的落日好像停在那里不动了。

“多美啊！”青木保宪想。

特攻队很快飞越鸟岛上空，他们将从这里折向南方，直飞美军舰队停泊的冲绳岛海域。青木保宪瞧见下方闪烁着一盏绿灯，他认出那是离开本土前能看到的最后一个佐多峰航标站。青木保宪全神贯注地望着它，直到完全消失。他又往下一瞧，只见下面有个小岛，岛上白烟袅袅。“或许是主妇在给家人烧晚饭吧？”他不由自主地想，“你们还活着，我却要去死。”

子夜12时整，青木保宪与他的同伴飞临美舰停泊的海域，他撒出锡箔，以干扰敌舰雷达，然后拉了拉套环，使炸弹上的推进器旋转起来，这样，炸弹保险装置便拆除了，能一触即发。

美军舰队终于发现了借助夜色掩护来袭的日机。斯普鲁恩斯下令各舰所有防空火力射击，条条火蛇在夜空中飞舞，几架特攻机中弹坠落。

已降至 90 米的青木保宪盯住了斯普鲁恩斯的旗舰，不顾一切地喊道："俯冲！"

只见他向下推死操纵杆，带着冲绳岛守军的全部希望，镇定地死盯住"新墨西哥"号战列舰，垂直向其坠落。

旗舰上的美军呆呆地望着近在咫尺的敌机，即使开火也来不及了。"轰隆"一声，青木保宪的自杀机撞中了舰桥，顿时浓烟烈火冲天，舰上一片狼藉。

斯普鲁恩斯躲过了这场劫难，他的卧舱尽管仅与被炸毁的舱室隔着两条走廊，却毫发未损。等他的部下提心吊胆地去抢救这位海军上将时，斯普鲁恩斯却已镇定自若地指挥损管队用水管灭火了。

日寇终于败北

突击反攻失败已够让牛岛满心烦的了。突然又传来德国人于 5 月 8 日无条件投降的消息，牛岛满的心情更加沮丧，知道大难已经临头了。

第三十二军司令部所在地首里原是古国京城，后来冲绳岛的中转贸易和海运发达以后，经济中心转移至西南海岸的港口城市那霸，使得深处内陆的首里渐渐被荒废了，只有 600 年前的古城墙和护城河还静静地躺在那里，告诉人们它昔日的重要与繁华。废弃的古城战前已长满郁郁葱葱的松树和槐树，青砖红瓦点缀在绿茵之间，煞是好看。然而，这一切都已不复存在了。战火把首里美丽的古树全部烧光，只剩下光秃秃的树干。几万发美军的炮弹和炸弹倾泻在首里，把那里的地面全部翻掘起来，没有任何生命存在的迹象，只有被炮弹掘起的树根，还张牙舞爪地散乱在古城内。

牛岛满望着眼前这凋败的景象，十分感慨，决定撤出这座古城，收缩

“大和”号爆炸起火，边上的三艘小船是“冬月”、“凉风”和“雪风”

兵力到那霸负隅顽抗。

日军将领已无计可施，对放弃首里并未表示任何疑问，只纷纷表示：“愿听司令官调遣。”

正欲准备撤退，牛岛满接到战时大本营来电，告诉他将有“义烈”空降突击队奇袭敌机场，让他实施一次佯攻，迷惑美军。牛岛满认为第三十二军已无力执行这种任务，欲回电解释，八原博通却让他答应下来。八原博通说：“司令官不相信任何侥幸能扭转战局，卑职非常赞同。但不妨利用一下统帅部派出的这个空降突击队。我军依然按兵不动，等突击队在敌后方打起来，吸引了正面敌人的注意力，我们再趁机从容撤退。如果您拒绝接应，统帅部可能会撤消这次突击作战计划，对我们撤退并不利。”牛岛满觉得有理，遂复电战时大本营，依计而行。在整个太平洋战争期间，德国人帮助日军组建了数个空降旅，1944 年合编为 1 个空降师和数个独立空降团，空降师下辖 3 个伞降旅及运输航空兵旅，隶属于陆军。日本海军也有 9 个独立空降营。日军空降部队仅 1.7 万人，很少执行重大作战任务，这一点与美、英、苏、德等国军队不同。所以，空降兵在日军中很不受重视。“义烈”空降突击队的成立起源于“大和”号战列舰的覆没。

“大和”号的覆没惊得日本文武百官目瞪口呆。及川古志郎军令部长哀叹：“帝国海军巨舰大炮传统优势休矣！”此话恰好被陆军参谋本部参谋奥山道郎大尉听到，奥山道郎是送公文到海军总部的。他不知从哪来的那

一架几乎被打掉半个机翼但还在飞行的美军战机

么大的勇气，听后竟道："卑职有一良策，纵然不能杀掉全部敌人，也管教他们胆战心寒。"及川古志郎起初有些不快，一名陆军下级军官竟敢如此与堂堂海军大将对言，不仅是大不敬，而且有藐视海军之嫌，但见他言辞恳切，又不好发作，便问："你有何良策？"奥山道郎回答："冲绳岛守军的最大威胁乃敌人的航空兵，而敌之舰载机限于作战条件、慑于神风特攻攻击，不敢恣意横行，尚不足畏。所虑者，乃敌人的陆基航空兵。因为我军已丧失制空权，无力摧毁敌陆岸机场，而地面炮火又力不能及，用神风特攻机攻击，一机换一机，又不划算，以致于敌陆基航空兵大逞淫威，陡增守军大量伤亡。我欲组织一特攻伞兵队，乘轰炸机飞临敌在冲绳岛的机场，强行着陆，破坏敌之飞机与机场设施，使机场瘫痪，减轻守岛官兵当面的压力。"

及川古志郎方才的不快一扫而光，忙问："你有把握吗？"

奥山道郎道："卑职是伞兵出身，愿带特攻伞兵队为国效命！"

及川古志郎大喜道："忠心可嘉！你可从海军伞兵营挑选队员，参谋本部方面我去解释。"

就这样，奥山道郎挑选了 120 名伞兵，组成了"义烈"空降兵特攻队，分成 5 个排和 1 个指挥班，略加训练，搭乘 12 架轰炸机向冲绳岛飞去。

5 月 24 日 8 时许，为配合这次空降兵特攻，日军向美军读谷、嘉手纳两机场实施"菊水七号"特攻作战。两个半小时后，除 4 架轰炸机因故障被迫返航或迫降外，搭载空降突击队的 8 架轰炸机分别在读谷和嘉手纳机场着陆。飞机尚未停稳，奥山道郎就率突击队跳下飞机，向机场上的美军飞机、油库、营房投掷手榴弹和燃烧弹，炸毁美机 32 架，烧毁了 7 万加仑的航空汽油，打死打伤数百美军。

美军未料到日军有如此战法。斯普鲁恩斯闻报大惊，下了他在冲绳岛战役中最后一道命令，让巴克纳不惜一切代价夺回机场，消灭日军突击队。两天后，外号“公牛”的猛将哈尔西海军上将奉尼米兹之命接替斯普鲁恩斯担任冲绳战役总指挥。

巴克纳不知敌人兵力大小，急忙从前线抽调一个师的兵力向两个机场进攻。一天后，美军全部歼灭了“义烈”空降突击队，打死79名日军，没有抓到一个俘虏或伤兵。

当巴克纳得知日军的79人竟牵制调动了他的一个师时，又急又气，急令该师返回前线，压缩首里包围圈，歼灭牛岛满残部。

可是，牛岛满却趁机夺路冲出了包围。

5月24日夜，天降大雨，牛岛满下令全军弃城后撤。倾盆大雨掩护了撤退，但也增加了撤退的困难，特别是对那些伤兵来说。伤兵自撤离火线以来，既没有药，又缺吃少喝，那些仍能站立的伤兵在不久前还是师范学校的学生，在女护士的照料下，三三两两地在黑暗中相互牵拉着绳子摸索前进。

连日的激烈战斗使美国的飞行员疲惫不堪，降落时发生的事故也层出不穷，这是一架F4U在降落时撞上前面的飞机的瞬间

发生事故的“复仇者”翻了个肚皮朝天，并损坏了前面的飞机

美军很快发现了敌军意图。5 月 27 日，巴克纳命令全军：“有迹象表明敌军要撤至新防线，可能对威胁其侧翼的我军发动反攻，要立刻给敌人施加强大压力，弄清其意图，使他们进退不得。决不容许敌人轻易建立起新的防线。”

前线美军立即用炮火封锁道路和交叉路口，并派出侦察战斗部队插入整个首里防线。但是，掩护撤退的敌人炮火猛烈，使侦察部队误认为敌人在顽强坚守，而不是后撤。直到 5 月 29 日，美国海军陆战队第一师攻入首里城郊，才知道敌人确实已弃城而逃。

5 月 31 日，美军从两个方向小心翼翼地开进古都首里。这座古城在炮火的袭击下已成为一片瓦砾，1 万名民工用 8 年时间构筑的各种建筑物和工事已荡然无存，大块大块的城墙像孩子们玩的积木东倒西歪，只有两个被炮火打坏的铜钟还能认出来。乱石底下还在冒烟，数以百计的平民和他们的用品被埋在底下，空气中弥漫着夹杂腐烂尸臭味的刺鼻的浓烟。

牛岛满带着大部人马逃脱，并在首里城正南 14.5 公里处的一个悬崖旁边的山洞内设立了新司令部，但给冲绳人带来了巨大灾难。当地的老百姓惊慌失措，成群结队地跟在牛岛满部队后面南逃，被美军炮弹炸得尸横遍野，成千上万的尸体留在泥泞的道路上。

★巴克纳之死

巴克纳十分高兴未遇抵抗就占领了首里城，他认为冲绳岛战役已进入尾声，这倒不是说没仗可打，而是日军已无法再建立起一条像首里这样的新防线。

然而，后撤到冲绳岛南端喜屋武半岛的日军找到了一个天然屏障，它是座珊瑚山，由八重濑岳和与座岳重合而成。它犹如一堵大墙，横切冲绳

一群日本女高中生为日军陆军航空队担当自杀任务的战斗机飞行员送行

岛南端大部分地区。牛岛满虽知败局已定，却要在这里进行最后抵抗。

6月1日，厚厚的云层像毯子一样覆盖在喜屋武半岛，雨仍下个不停，美军在齐脚踝深的泥泞中步履艰难地从东西两面向喜屋武半岛缓慢地前进。东面，是知念半岛，没有重兵防守；西面，是小禄半岛，由海军冲绳岛基地司令海军少将大田实率2000名官兵防守。

6月5日，雨终于停了，但地面未干，泥沼帮助牛岛满迟滞了美军的进攻。直到6月10日，美步兵第九十六师才对八重濑岳发起猛烈进攻。

进攻猛烈，抵抗亦顽强而残酷。“铁血勤皇队”队长山城宏中佐让他的队员身上绑着炸药，冒着弹雨，钻到美军坦克底盘下引爆。许多美军坦克都是被这些十三四岁的“活地雷”炸毁的。

美军简直被日本人这种残忍凶猛的自杀行为惊呆了，他们实在难以相信在这个星球上还有如此狂妄、古怪、偏执、残暴的民族。6月13日夜，美军在付出沉重代价后，终于占领了这道天然屏障，战斗转为逐洞战。

日军第二十七联队联队长金山均大佐率百余名官兵被堵在山洞内，几次突围均被美军的火焰喷射器烧得焦头烂额。绝望中，他用汽油烧毁军旗，对部下喊道：“过去的3个月中，诸位经历了千辛万苦，打得十分出色，我深表感谢。我现在宣布部队解散，你们可自谋出路，想回本土的可以试试，我是要死在这里的，你们不应该分担我的责任。”

他的部下不知如何是好，他们反对自谋出路。金山均抽出匕首，凝视部下，再次告诫他们不要“仿效”他。然后一声不响地把腹部切开，鲜血立即喷出来。他的副官佐藤治郎大尉举起战刀，猛地一砍，金山均便身首异地。之后，佐藤治郎喊了一声：“天皇陛下万岁！”随即扣动扳机自杀。

小禄半岛的日军与美海军陆战队展开殊死战斗。大田实虽顽固坚守，终不敌美军的强大攻势，节节败退至一山洞。这里是他的野战医院，洞内躺着300名重伤员。他担心美军追杀到此，会用火焰喷射器烧死这些人，

这是在 1945 年 5 月 11 日被自杀飞机撞中的"邦克山"号航空母舰，这次撞击严重损坏了该舰的结构，导致该舰在同级舰中早早地退役而没有进行大的改装。

遂命令军医官给所有不能行走的重伤员注射毒药，让他们迅速而没有痛苦地死去。大田实随即自杀身亡。

巴克纳从来没有如此兴奋，他的部队正在用手榴弹、炸药包和火焰喷射器逐洞追逐藏匿于其中的敌人，这简直是一场狩猎！许多日本官兵被炸药和火焰喷射器封死在里面，痛苦地死去。他们希冀藏身的洞穴，成了他们最后的墓穴。

6 月 18 日，巴克纳在海军陆战队第一师第七团团长奥勃莱恩海军上校的陪同下视察战场，按照原作战方案，捣毁日军巢穴的任务将由陆战队第一师完成。

大自然是不死的。尽管战争已把冲绳岛毁得面目全非，但是那千姿百态的峰峦，秀丽的丘陵、清澈的溪流、中国式牌坊与古墓、日本式房屋、佛教浮屠仍依稀可见，显示出奇丽的美。这令久在北极圈内的阿拉斯加服役的巴克纳赞叹不已。阿拉斯加除了白色冰雪以外，没有其他色调。在那里，狗和爱斯基摩人是生活的全部内容。

巴克纳饶有兴致地饱览冲绳岛的美色，在奥勃莱恩的伴随下，来到第七团，视察他们进入阵地的情况。该团阵地设在真荣里，是片石灰岩丘陵地带，低山透迤，各种奇峰异石，重重叠叠，有的像莲花瓣，有的像大象头，有的像少妇，有的像老人，有的像猿猴，有的像老虎，有的错落成桥，有的兀立如柱，有的侧身探海，有的怒目相向，有的什么也不像，黑乎乎的，一动不动地堵住了他的去路。

这位陆军中将被大自然的鬼斧神工所吸引，仔细端详着每一座山峰。忽然，他看见不远处一座很像狗头的山峰腰间有一山洞，周围的杂草几乎把洞口掩没。他拉了一下奥勃莱恩说道："那个山洞是否有敌人？"

进行垂死挣扎的日本士兵

牛岛满最后的藏身地外的悬崖，他最终和长勇中将一起在这块狭窄的地方切腹自杀。由于地方过于狭小，他们最终没有完成面朝日本皇宫的祭拜仪式。

话音未落，洞口火光一闪，一声炮响，一发75毫米口径的山炮炮弹飞了过来。炮弹正巧落在巴克纳的身后，把石灰岩炸得碎石乱飞，一片山石一下子就打断了他的脊椎，巴克纳顿时瘫在地上，10分钟后就咽了气。

奥勃莱恩觉得有一块极锋利的东西飞进胸膛，眼前一黑，便扑倒在岩石上，再也没醒过来。

巴克纳是美军在太平洋战争中阵亡的最高级别将领，他的死震惊了胜利在望的美军，也激起了美国人对日军的更大仇视。第七团工兵很快用炸药封闭了那个洞口，步兵冲进去后，杀死了洞内的全部日兵，缴获了那门独炮。

巴克纳战死后，海军陆战队第三军军长盖格接替了第十集团军司令一职。在美军历史上，还从来没有一位海军陆战队军官指挥过这么多的陆军部队。

盖格就任后，重新划分了海军陆战队和陆军的战线，严令两个军种向残敌发起总攻。

“大黄蜂”号上的防空炮手

冲绳岛之战进入了高潮，日军的末日终于到了！

牛岛满司令部的山洞阴湿、幽秘，充满了恐怖与绝望。暴躁的长勇被心脏病折磨得失去了威风，静静地躺在行军床上，痛苦地听着洞外日益临近的枪炮声。

牛岛满身上的军装潮乎乎地贴在身上。洞内弥漫着烧糊的胶皮味和木炭的烟味，他觉得很难受，走到洞外晒太阳。

"司令官，快到洞内去吧，前面两个高地已经失守，我要组织洞口防御。"浑身沾满血迹的八原博通从上面退了下来。

牛岛满长叹一声，退进洞内，打开衣箱，换上崭新的礼服，将戎马一生荣获的 8 枚勋章缀在左胸前，其中一枚金鸢勋章是日本军人的最高荣誉。

长勇见状，吃力地抬起身问道："司令官莫非要殉国？"

牛岛满点点头道："势穷力尽，何颜生还？"

长勇泣道："卑职愿随长官同赴国难。"

牛岛满唤来八原博通道："君可设法冲杀出去，逃回本土，不必与我一同成仁。冲绳岛作战证明你的战术思想是对的，将来本土防御用得着，切记！"

然后，他向全军将士发出明码电报，下达了最后一道命令："由于全军将士 3 个月的奋勇战斗，我军任务业已完成。但是，目前我军刀折矢尽，危在旦夕，部队间通讯联络全部断绝，军司令部已无法指挥。今后在局部地区的部队和幸存士兵应各自为战，到最后时刻希发扬敢斗精神和永生之大义。"

电报发完后，他下令解散陆军医院，命令部队向北突围，深入敌后与敌展开游击战。但为时已晚，美军用喷火器封死了所有日军藏匿的洞穴，许多日军被烧死在洞中。

牛岛满呷了一口酒，拔出战刀剖腹自尽。

牛岛满等人自杀后，岛上日军溃不成军。同一天，设在嘉手纳机场附近的美军第十集团军司令部举行了隆重的升旗仪式。盖格宣布，日军在冲绳岛有组织的抵抗已不存在，美军占领了冲绳岛。接着，军乐队奏美国国歌，星条旗徐徐升起。

冲绳岛战役，从3月18日美军航母编队袭击九州开始，至6月22日冲绳岛战斗基本结束，共历时96天，其中在冲绳岛上的激烈战斗就有82天之久，日军包括“大和”号战列舰在内的16艘水面舰艇和8艘潜艇被击沉，约4200架飞机被击落击毁，日军在冲绳岛上的约10万名守军，除9000余人被俘外，其余全部被歼，冲绳岛的平民有7.5万人伤亡。美军有32艘舰船被击沉，368艘被击伤，其中有13艘航母、10艘战列舰、5艘巡洋舰和67艘驱逐舰遭到重创，损失舰载机763架，阵亡1.3万人（陆军4600人，海军4900人，海军陆战队3400人），受伤3.6

堆积如山的物资表明美军为冲绳岛战役做好了充分准备

被自杀飞机撞中的“新墨西哥”号战列舰

万人（陆军 1.81 万人，海军 4900 人，海军陆战队 1.36 万人），另有 2.6 万人的非战斗伤亡。此役是美军在太平洋战争中伤亡最大的战役，因此英国首相丘吉尔认为，冲绳岛战役将以史诗般的战斗，列入世界上最激烈、最著名的战斗而流传后世。鉴于在战役中所付出的惨重伤亡的代价，美军没有举行大规模的庆祝活动。

美军以如此巨大的代价攻占了冲绳岛，打开了日本本土的西南门户，取得了进攻日本本土的海空基地，为在日本本土登陆作战创造了有利条件。而战役期间美军在冲绳岛诸岛上建立起的航空基地网，进驻了大量的航空兵力，不仅可以有效地阻截日军来袭的飞机，还可以起飞轰炸日本本土的中心地带，进一步加强对日本本土的战略轰炸。

此次战役，日军 10 万守军面对美军绝对优势的海空兵力和地面部队，在近乎孤立无援的情况下，坚持战斗三月有余，显示了日军抗登陆能力之高、战斗意志之顽强，同时日军所采取的战术，也为劣势军队组织有效的抗登陆战提供了有益的经验。日军主要凭借坑道、天然岩洞和山地反斜面阵地尽量削弱美军的火力优势，并积极开展近战、夜战，组织小部队频繁实施猛烈反击，消耗美军的有生力量，虽然守备部队和航空兵力在战役中遭受了严重损失，但为本土防御争取到了宝贵的备战时间，并使美军深刻意识到对日本本土的登陆作战将遇到更加激烈和残酷的战斗。

美军在作战中比较重视夺取战区制空权和制海权，依靠其绝对优势的海空力量，在确实掌握了琉球群岛的制空权、制海权后，切断守军的各种支援，并对登陆部队进行海空火力支援后，才实施登陆，为此，美军以航母编队和战略空军的 B-29 型轰炸机多次袭击日本九州等地的日军航空基地，由于日军在九州地区建有很多机场，而且分布分散，加上防空火力的有力掩护，美军的空袭一直未能将其彻底压制，所以美军的航母编队只得长期停留在冲绳岛海域，充当登陆编队的屏障，在日军神风特攻队的疯狂攻击下，蒙受了巨大的损失。

支援登陆作战的美军 TBM 轰炸机

二战时期的美军飞行员

美军比较成功的是战役中的后勤保障工作，参战部队总人数高达50余万人，所有这些部队的物资供应，从飞机、大炮到炸药和汽油，甚至卫生纸、可口可乐、冰淇淋和口香糖，一切都是经过太平洋从美国本土运来的，工作量惊人之庞大，其中运输船队功不可没，他们冒着被日军潜艇和飞机击沉的危险，克服了潮湿炎热的海域长途航行中的种种困难，将物资源源不断地送到前线，为战争作出了杰出的贡献。此外，美军首先夺取庆良间列岛，并将这个群岛建设成后勤前进基地，为参战舰艇提供就近的维修、补给和休整，也是非常明智而卓有成效的。

冲绳岛战役和前不久进行的硫磺岛战役，使美军深深明白，如果要在日本本土实施登陆，将面对怎样的疯狂抵抗。美军参谋长联席会议估计，如果在日本本土登陆，美军将伤亡 100 万人，因此促使美国最终决定对日本使用刚研制成功的原子弹，以尽快结束战争。

日本人终于输掉了在其本土之外打的最后一场也是最大的一场战役。

巴克纳将军（左一）的最后留影之一

在忠魂碑下休息的美军士兵

坠落在美国航母甲板上的 D4Y 战机的尾部

聆听收音机中传来欧洲战事结束、德国投降消息的美军士兵们

第六章

广岛上空的蘑菇云

★“小男孩”像一个幽灵，徐徐下降。53 秒后，它突然凶相毕露，一声惊天动地的巨响，广岛上空出现了一个五光十色、光芒四射的火球，随后巨大的蘑菇烟云冲天而起，整个广岛被吞没了。

★当长崎的蘑菇烟云以惊人的速度从 7000 米升到 1.4 万米高空时，斯韦尼上校向提尼安基地发送报告：“袭击长崎，效果良好。”返航途中，由于与提尼安基地失去通讯联系，加之飞机燃料不足，斯韦尼驾机在冲绳岛美军机场紧急着陆。

★一大群人挤在皇宫前。人们流露出对民族的忧虑，他们几乎没有注意那些激愤的陆军军官，这些军官宁可自杀也不愿忍受 2500 多年以来祖国第一次蒙受的军事失败的耻辱。

★在仪式将近结束时，1900 架同盟国的飞机轰隆隆地飞越“密苏里”号，太阳从云层中冒了出来，世界终于结束了一场最大的灾难。

“小男孩”首袭广岛

1945 年 5 月 8 日德国投降后，日本依然在太平洋战场上负隅顽抗。7 月 16 日美国第一颗原子弹爆炸成功。此时，以美国陆军部长史汀生为首的临时委员会和参谋长联席会议认为：虽然日本败局已定，但其陆军在本土尚有 200 至 300 万人，在中国还有同样数量的兵力，其空军尚存各型飞机 6000 至 9000 架，而且日本大本营正在积极准备“本土决战”，美军登陆日本将付出巨大的代价。如果美国使用原子弹迫使日本丧失抵抗意志，不待美军登陆就投降，则可避免 50 万美国人丧生。于是，史汀生与临时委员会一起向杜鲁门总统提出建议：尽快用原子弹轰炸日本具有军事和非军事双重性的目标。核突袭的具体目标拟定为广岛、长崎和小仓。杜鲁门思量再三终于采纳了史汀生的建议，决定对日本进行核突袭。于是，美国陆军航空兵的核突击部队——第五〇九混合大队被派往太平洋的提尼安岛执行这次非同寻常的任务。第一次原子弹突袭以广岛为主要目标，小仓和长崎为预备目标；第二次以小仓为主要目标，长崎为预备目标。

1945 年 7 月 25 日，美国当局下达了作战指令：8 月 3 日以后，只要气象条件允许目视轰炸，第五〇九大队即可开始对日本投掷第一颗原子弹。

8 月 1 日，准备执行原子弹突袭任务的 B-29 型轰炸机机组人员进行了最后一次演习。8 月 2 日，第二十航空队司令特文宁中将下达作战指令，命令 7 架 B-29 组成突击队，执行“13 号特别轰炸任务”，对日本实施首次原子弹突袭。其中 1 架为载有原子弹的轰炸机，由大队长蒂贝茨上校亲自驾驶；1 架为装有精密测量仪的观测机，由中队长斯韦尼少校驾驶；

1 架装有高级照相机的侦察机，由马夸特上尉驾驶；3 架担任直接气象侦察任务，提前抵达目标区上空。另外，还有 1 架作为原子弹载机的备份机，在硫磺岛机场待命。

8 月 6 日凌晨，3 架先遣气象侦察机提前 1 小时从提尼安基地升空，当巨大的轰炸机隆隆地沿着提尼安机场的跑道吼叫着升上夜空时，蒂贝茨上校把"空中堡垒"的手柄慢慢向后移。B–29 的银色、香肠形的机体，亮光闪闪，机上载着绰号"小男孩"的原子弹，它的蓝色的铁皮上，涂着送给天皇的粗鲁的字句以及驰名的女电影明星丽塔·海华丝的大美人照片。这架 B–29 已远远超过安全起飞重量，起飞时炸弹没有装炸药，恐怕万一失事，就会把整个岛屿以及岛上的几百架飞机从太平洋上炸没了。斯韦尼少校和马夸特上尉驾机尾随其后。"埃诺拉盖伊"号安全升空后，随机核武器专家帕森海军上校从座舱爬进弹舱，给"小男孩"的核弹安装"枪法"引爆装置，使它进入了战斗装态。

飞机以每小时 300 公里的巡航速度，在无战斗机护航和严格无线电静默的情况下，于 5 时 45 分飞抵硫磺岛上空，组成三角形编队，向西北方向继续飞行。两个多小时后，它们爬升至 1 万米高空，以每小时 525 公里的航速神不知鬼不觉地向日本飞去。

上午 7 时 9 分，广岛地区日军第二军总司令部发出警报，美军侦察机迅速离去，7 时半解除警报。广岛市内车来人往，络绎不绝。就在这人们感到太平无事的时刻，蒂贝茨上校接到前方气象侦察机发回的电讯，来自广岛的气候侦察机的电报说："一切高度被云遮盖处不到 1/10。建议：先在这里投弹。广岛完全适于目视轰炸预订的主要目标。"他当机立断，实施原计划第一方案：轰炸广岛。

蒂贝茨驾机于 8 时 12 分飞抵离目标约 24 公里的预定投弹识别点，未遇炮火袭击，也没有敌机起飞拦截。他们俯瞰广岛，只见工厂上空青烟袅

执行对广岛进行原子弹轰炸任务的“伊诺拉·盖伊”号 B-29 型轰炸机的驾驶员在出击前。该机以这架飞机机长的母亲的名字命名

袅，水面上船舶蠕动。就在这一瞬间，他们找到了预定瞄准点——广岛市中心的“T”字形大桥。

下面，在这拥挤的城市里，100 万人中的 1/3 又开始了一天的工作，为祖国困难的战争出一份力。甚至没有什么人听见或注意到从东方飞来的这么高的飞机。美国在两天以前就撒了传单。警告他们要在即将到来的大进攻前撤出城市。进行气候侦察的“空中堡垒”使空袭警报在黎明时响了起来，但是不到 3 刻钟就“解除警报”了。有些人抬起头来，看见只有 3 架飞机，没有引起注意。

“注意，戴上防护镜，各就各位，做好最后准备。”蒂贝茨提醒他的同伴。8 时 15 分，他们抵达目标瞄准点上空。观测机上的测量操作手做好了测量准备，原子弹载机上的投弹手向各机发出了 30 秒投弹准备信号，并打开了弹舱门。信号一结束，“小男孩”跳出弹舱。此时，斯韦尼少校在蒂贝茨的右翼，间隔至多10米。他亲眼目睹“小男孩”跳舱的身影，心想：“它自由了，像一只断了线的风筝。不管它工作与否都无法挽回了，如果它工作正常，可能将战争结束。”蒂贝茨和他的同伴们做完一切后，赶紧掉转机头，加速撤离现场。

“小男孩”像一个幽灵，徐徐下降。53秒后，它突然凶相毕露，随着一声惊天动地的巨响，广岛上空出现了一个五光十色、光芒四射的火球，随后巨大的蘑菇烟云冲天而起，整个广岛城被吞没了。

“我的上帝！”蒂贝茨从耳机里听到“伊诺拉·盖伊”号上小组的一员大吃一惊地喊了起来，这时候蒂贝茨以强力俯冲把轰炸机从扔弹区向右转去。“突然一道刺眼的带白色的粉红色光出现在天空，伴随着一种奇异的震动，几乎立刻出现一股令人窒息的热浪和风，把一切都卷走了。”这是一个观察者所记录下来的爆炸时刻的情景。

★威力巨大的原子弹

火球发出比太阳表面还要热几千度的高温，它熔化了花岗石，把人和物体的影子印在地面上和残留的墙上，也没有几座建筑物能在核反应的强光和雷鸣的冲击波下幸存，火光和波浪瞬息之间就夷平了广岛的中心。“几秒钟之内，数以千计的街上的人和市中心的花园都被干热的浪潮烧焦了。许多人立刻被烧死，还有许多人在地上翻滚，被烧得痛苦地叫喊着。一切东西：墙、房屋、工厂以及其他建筑物，只要遇到爆炸气浪，都被毁灭了，残片被旋风卷到空中。”“伊诺拉·盖伊”号从爆炸气浪中上升后，蒂贝茨在回忆中写道：“一朵蘑菇状烟云逐渐形成，我们看着它开放……在蘑菇状烟云下面的情景，使我想起一壶正在沸滚的沥青，我再也想不出更恰当的譬喻来形容它。下面是一片黑色沸滚的东西，上面带着一层蒸汽烟雾。”

“伊诺拉·盖伊”号的部分机组乘员

一位日本记者的报道记载了那朵丑恶的烟雾下面的浩劫惨状。“在不留下任何生机的绝对死亡地区以外，房屋在砖瓦、屋梁的飞舞中倒塌。离爆炸中心约3英里的地方，轻型房屋都被夷平，仿佛都是纸板所造。在房子里的那些人即使没有死亡，或者由于某种奇迹得以幸免，也被火焰包围了，少数挣扎着到达平安之地的，由于后来的厉害的伽马射线的作用，一般都在约20天以后死亡。”原子弹爆炸半小时后，一种神奇的蒙蒙小雨，从万里无云的晴朗天空落在残存者的头上。那些没有死或者因可怕的烧伤处在极度痛苦中的人，开始害怕这些黑色的雨点里含有更加致命的毒物。在那漫无止境的几分钟的浩劫中，26万平方公里的广岛被消灭了，13万以上的人民暴死。同时，被关押在广岛城堡的美国战俘也都牺牲了。

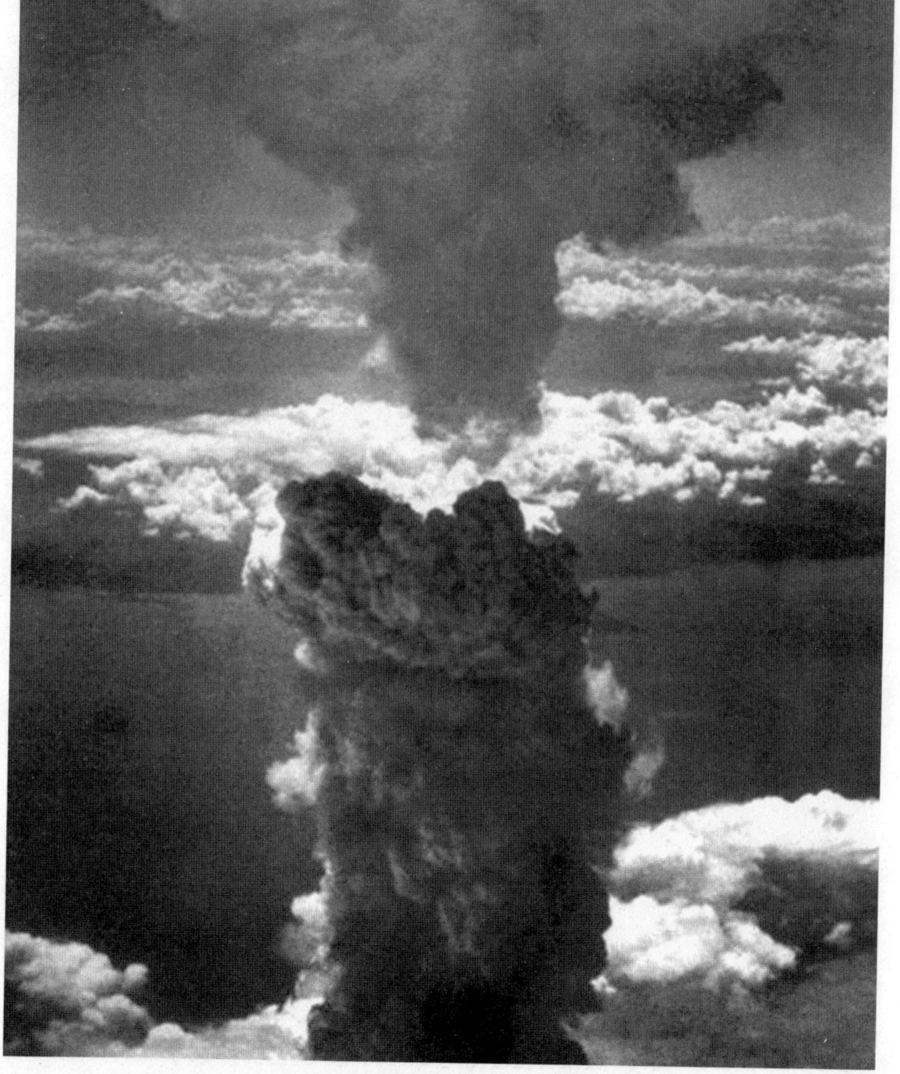

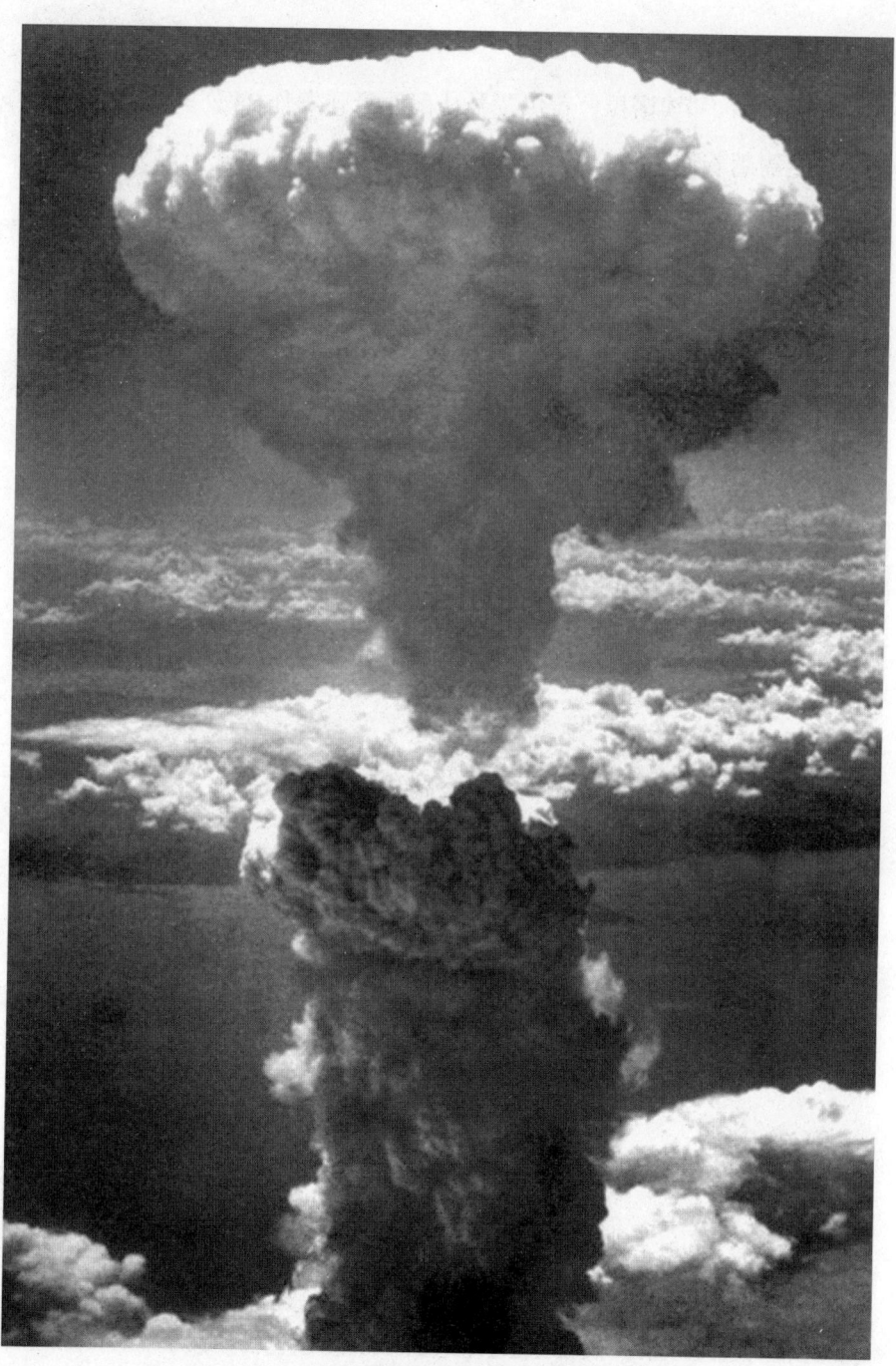

原子弹爆炸后腾起的高大的蘑菇云

几分钟后，“埃诺拉·盖伊”号从离原子弹爆炸24公里处悄悄返航。马夸特上尉驾着侦察机等了一会儿，拍完了几个惊心动魄的镜头——世界军事史上第一次核战争的照片后，也返航了。归途中，核武器专家帕森海军上校给正在提尼安基地的“曼哈顿工程”副指挥官法雷尔准将发了一份

在原子弹轰炸后拍摄的广岛市市政厅。如今这个建筑已经成为这次轰炸的纪念性标志物

密电：“目视一清二楚，突袭圆满成功，投弹后机上情况正常，现正在向基地返航。”

蒂贝茨上校驾着“埃诺拉·盖伊”号，首先在提尼安基地北机场着陆。他带着全体机组人员走下飞机，向等候在这里的陆军战略空军司令斯帕茨上将行了个军礼：“报告将军！我们完成任务回来了！”斯帕茨随即给他挂上“服役优异十字勋章”。

次日凌晨，即原子弹突袭 16 小时后，杜鲁门总统发表声明，警告日本政府，“这是原子弹”，并敦促日本政府无条件投降，否则将遭到“来自空中的毁灭”。美国武装部队电台马上对日广播：“原子弹已把广岛摧毁，更多的原子弹将接踵而来。”并向日本空投了数百万张传单，向日本发出警告：美国最新研制成功的“一颗原子弹的威力就相当于 2000 架 B–29 巨型轰炸机执行一次任务所携带炸药的威力”，“你们赶快结束战争”，否则“我们将坚决使用这种炸弹和所有其他超级武器来加速结束战争”。

8 月 7 日和 8 日，美国第二十一轰炸航空兵联队司令李梅将军先后追加了 152 架和 375 架 B–29 型轰炸机，对日本城市发起更猛烈的袭击，但日本政府仍无意投降。

“胖子”摧毁长崎

为此，美国当局决定于 8 月 9 日对日本实施第二次原子弹袭击，目标选定为长崎。此次任务由 5 架 B–29 型轰炸机组成的突击队执行，代号为“16 号特别轰炸任务”。斯韦尼少校驾驶载有原子弹的“博克斯卡”号轰炸机，机上增加 3 名核武器专家，负责原子弹引爆系统的安全保障工作；博克上尉驾驶“大技师”号观测机，《纽约时报》记者劳伦斯随机负责报道工作；霍普金斯中校驾驶"大斯廷克"号照相侦察机；88号飞机和95号飞机负责气象侦察任务。

第二颗原子弹绰号叫"胖子"，采用复杂的"内爆法"引爆系统，由气压、定时、雷达和冲击4个不同引信组成。这种引爆系统不能在空中安装，必须在执行任务之前，在地面的一个特殊的绝密车间里，由几个专家合作组装。这就意味着，斯韦尼少校的"博克斯卡"号飞机必须载着安装好引爆系统的"活钚弹"上天，万一起飞时发生重大事故，提尼安岛就会变成美国的"广岛"而被从地球上抹掉。

为确保万无一失，美军决定举行一次"胖子"模拟弹空投演习。8月8日9时左右，斯韦尼少校驾驶"博克斯卡"号带着一颗水泥重配弹"南瓜"，从提尼安岛外海的2400米空中爬升到1万米高空。机上的投弹手模拟次日投掷"胖子"的程序，把"南瓜"从弹舱里弹了出去。"南瓜"按预定弹道落至600米高度，引信爆炸了。1个小时后，专家们一致评定：演习成功。美国当局决定按原计划行动。

8月9日，当地时间2时56分，斯韦尼少校驾机载着完全处于战备状态的"胖子"，从提尼安基地起飞，博克驾侦察机尾随其后。正当霍普金斯中校驾机滑向跑道时，他突然发现随机照相专家瑟贝博士没带降落伞，便勃然大怒道："给我下飞机！"瑟贝博士下机后眼巴巴地望着"大斯廷克"号腾空而起。

10时50分，他们飞临长崎上空，发现在1800至2400米高度，云量为"八"，只能进行雷达轰炸。几分钟后，他们从西北方向进入投弹识别点。30秒钟的投弹信号响了，弹舱门"咔嗒"一声打开。就在20秒钟时，投弹手的目光穿过云层裂隙，看到下面不是第一个轰炸目标——三菱重工业公司长崎造船厂，而是第二个轰炸目标——三菱重工业公司长崎兵器制造厂，便立即改用目视轰炸，于当地时间10时58分将"胖子"投出了舱外。弹舱门“咔嗒”一声锁上了，斯韦尼立即驾机飞离现场。“胖子”跳出弹舱后，穿云直下，于当地时间 11 时 1 分在离地面 500 米的空中爆炸了，顿时形成了一个闪烁的火球。

机上所有人员都看到了这个形如“胆囊”的火球悬在长崎上空，从“胆心”向上喷出沸腾的“胆汁”，行成一条巨大的彩虹。几分钟后，机上人员在 20 公里外看到一团擎天蘑菇烟云，吞没了整个长崎城。斯韦尼下令赶紧拍下这罕见的场景。

当长崎的蘑菇烟云以惊人的速度从 7000 米升到 1.4 万米高空时，斯

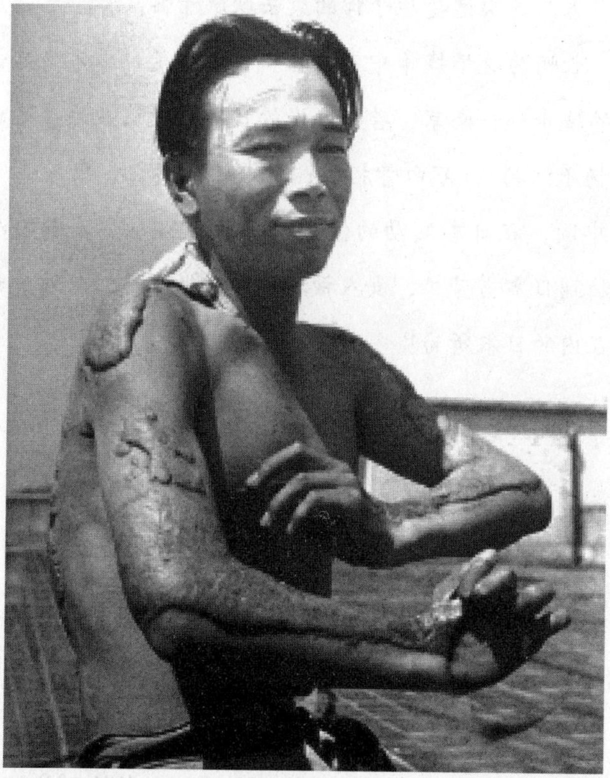

1947 年 8 月，一名广岛核爆炸的幸存者在接受治疗，他身上永远留下了被原子弹爆炸辐射灼伤的恐怖疤痕

韦尼上校向提尼安基地发送报告："袭击长崎，效果良好。"返航途中，由于与提尼安基地失去通讯联系，加之飞机燃料不足，斯韦尼驾机在冲绳岛美军机场紧急着陆。

★原子弹的影响

美国原子弹突袭广岛和长崎造成了巨大的损伤。广岛市区80%的建筑化为灰烬，6.4万人丧生，7.2万人受伤，伤亡总人数占该市总人口的53%。长崎市区60%的建筑物被摧毁，伤亡8.6万人，占全市总人口的37%。

战后，日本对这次遭受原子弹的袭击耿耿于怀，称自己是原子弹的受害者，广岛、长崎为这场战争中不幸的城市。可是日本不应忘记，世界上还有更不幸的城市——南京，兽性大发的日本兵使这座无辜的城市血流成河，呜咽的扬子江为30万白骨招魂；日本不应忘记，世界上还有更不幸的国家——中国，在日本发动的侵华战争中，2000多万中国人被日军杀害，男人被拉到日本当劳工，女人被拉到兵营做军妓，而这一切正是包括广岛、长崎在内的日本所为！

日本终于投降

日本内阁中的军国主义者同和谈派之间的僵局是无法打开了。他们一直争论到黄昏，无所作为和恐惧使他们瘫痪。午夜时分，他们全体去参加天皇主持的御前会议。外务省的方案是：他们除了接受波茨坦宣言外别无选择。这个方案遭到陆军大臣阿南惟几的反对，他决不能接受皇军还有"投降"一说，他声称他们只有战斗到底，以期"死里求生"。

“这个问题我们已经讨论了多少小时还是没有结论，”铃木贯太郎海军大将最后疲乏地宣称，他自始至终保持着貌似中立的态度，“形势确实严重，但是我们也没有徒然消磨时间。我们没有先例可援引——我也觉得十分为难——但现在我将以最崇高的敬意请求天皇陛下发表意旨。”

8月夜晚的闷热，使日本皇家图书馆下面的皇家防空洞里的气氛更为令人窒息，但是首相提出的令人吃惊的要求，却使御前会议的成员们不寒而栗。陆军大臣立刻抗议这种没有先例的违宪做法。天皇的职责在于批准，不是忠告大臣们。裕仁天皇抓住他被提供的这个机会，他用几乎毫无表情的、尖细的声音谴责了“旷日持久的流血和暴行”的无济于事，他同意《波茨坦宣言》要求解除军队、惩罚战争领导人的要求，确属“不能容忍”。“但是时间已到，我们不得不容忍不可容忍的事情”。

天皇打破了僵局。现在御前会议不得不接受无条件投降了。第二天上

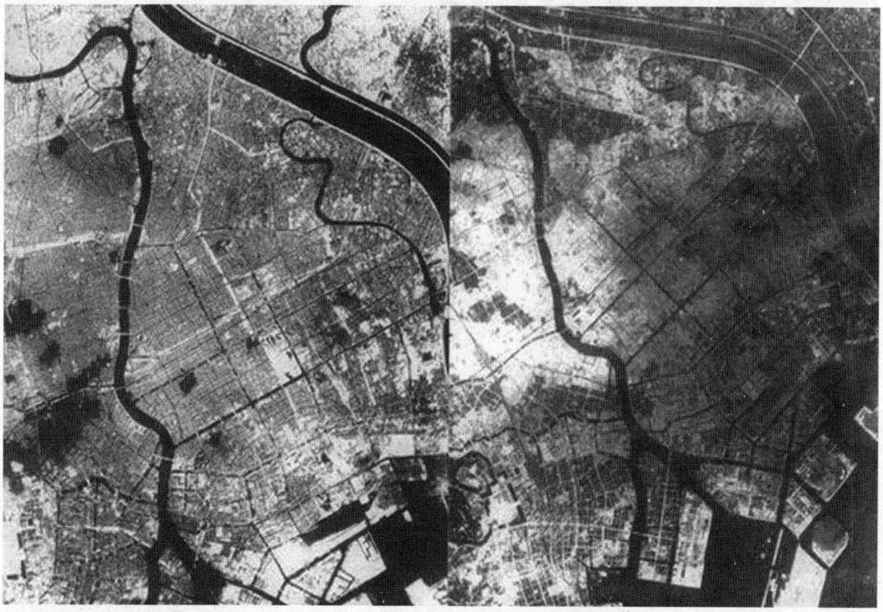

原子弹空袭前后的东京地图对比

午召开全体帝国会议，以便决定接受《波茨坦宣言》，“带有这样的谅解，即该宣言并不同意任何有天皇陛下作为统治者的特权的要求。”阐明这一点的电报被发到驻各中立国家的日本公使馆。

华盛顿的反应很迅速。总统和他的顾问们赞成接受日本投降，并同意他们的答复必须涉及阐明天皇的地位，但又不必完全迎合日本的条款，英国人表示同意，同盟国中只有俄国人抱怀疑态度。斯大林要他的军队在停火之前尽可能地深入满洲。“这是一个和平警告。”尼米兹海军上将于1945年8月14日告知太平洋总部说，这时候无线电向日本广播了同盟国的答复，并通过在瑞士的外交渠道通知日本。

东京得到的答复说：“从投降的时刻起，天皇的权威和日本政府将服从同盟国最高司令。”同时，斯帕茨将军奉命再准备好两枚原子弹，如果

8月14日，裕仁天皇最终做出接受盟国此前对日本关于《波茨坦宣言》的回应的答复的决定，从而宣告日本在太平洋战争中彻底战败

得不到满意的答复，就继续扔原子弹。就在宣布日本接受《波茨坦宣言》的那一天，没有扔炸弹，李梅派他的“空中堡垒”到敌人首都上空撒了传单。

同盟国的答复在日本内阁产生了更为激烈的分裂，天皇的神圣天性可否服从不过是世俗的权力。当有人指出在明治天皇以前的时代帝王曾“服从”将军的权力时，这个宗教语义学的问题就解决了。日本天皇为了结束战争而接受同盟国的条件的坚定决定，由日本政府同盟新闻社于那天下午3时整以前通过无线电向全世界转播了。

广播宣称:“据悉，接受“波茨坦宣言”的皇室文告马上就要发表了。”在全世界等待着的时候，整个日本以及它在东南亚各司令部的感到吃惊的军官们接到通知，要在第二天上午立刻遵照天皇的号召放下武器。人们认为让皇帝天神在这样一个重大场合来进行他的第一次广播，对天皇来说实在是太冒风险的考验。日本广播协会无线电的电台技术人员在那天傍晚被召到皇宫去安装录音设备。当裕仁天皇最后被引领到麦克风跟前时已快到午夜了，在场的人都感到痛苦不安。

天皇对他第一遍从头到尾朗读这篇简短的演说感到不满意，他坚持又录了两次音后，才退回到他地下的睡眠处所。里面录有“日本崩溃了”的帝国命运的这些易碎的黑色胶片被宫内大臣德川拿走了。他把它们锁进壁上的保险箱内过夜。

★无法挽回的失败

这种谨慎的预防证明是有道理的。失败的痛苦对于一群刚愎自用的陆军参谋本部军官们来说是太沉重了，在烟中少校的领导下，他们已经采取了阴谋搞掉帝国顾问们的初步步骤，这些顾问在策划投降时曾经起过作用。他们的意图是孤立天皇，他们相信能够在第二天广播他的演说以前说

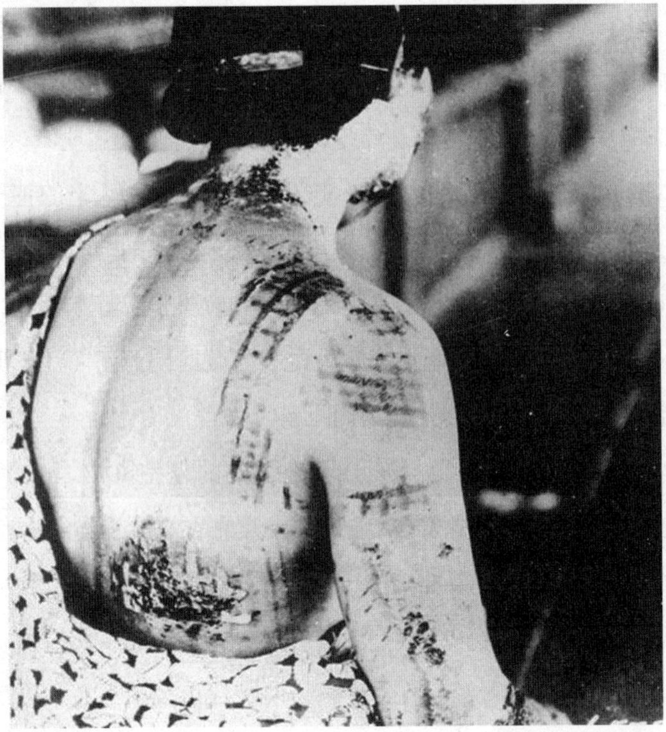

被光辐射烧伤的日本妇女，她可能穿的是带条纹的衣服，所以才会留下这样的伤痕

服他改变主意。他们花了好几个小时，一直想要同帝国侍卫长讲话，让他参加他们的政变。但是森武志将军却是位勉强参加的阴谋者，到了凌晨2时，他被急躁的烟中少校枪杀，他的助手被砍头。

这些阴谋家从这位将军溅满血迹的办公室里抢出他的私人印章，用它伪造命令，送到东部陆军总部，号召部队协助占领皇宫。另一股叛乱士兵前往首相寓所，他们到达时，年迈的铃木贯太郎刚刚在几分钟以前已乘一辆小汽车迅速离去。这些自封的暗杀家因为暗杀对象逃跑而灰心丧气，就放火烧了房子。

烟中少校手下的人猛冲过皇家庭园的建筑物搜寻这个重要的唱片，然而他们并无所获。到了黎明，他们的政变瓦解了；东部陆军总部的部队没

在特鲁克向盟军投降的日军军官

能参加暴动。当阿南惟几将军接到失败的消息时，他立刻按照严格的规矩自杀了。陆军大臣本来同情密谋者们，但是并没有把他的命运同他们联系在一起，虽然他领导了御前会议中的拒和派。

日本陆军大臣阿南惟几企图用自杀的行动来向天皇表示为陆军不能打胜仗的象征性的赎罪。他的尸体准备在上午 11 时火化，那时候全体日本人都到无线电跟前去了。当几百万人听到他们以前从来没有听见过的尖细、单调的声音宣布失败的震动人心的消息时，他们在收音机跟前严肃地深深鞠躬。失败的消息说："朕已命政府通知美国、英国和苏联政府，帝国接受联合宣言的条款。"天皇以呆板、无情感的语调向他的人民解释说，现在有必要这样做，因为"战争形势的发展

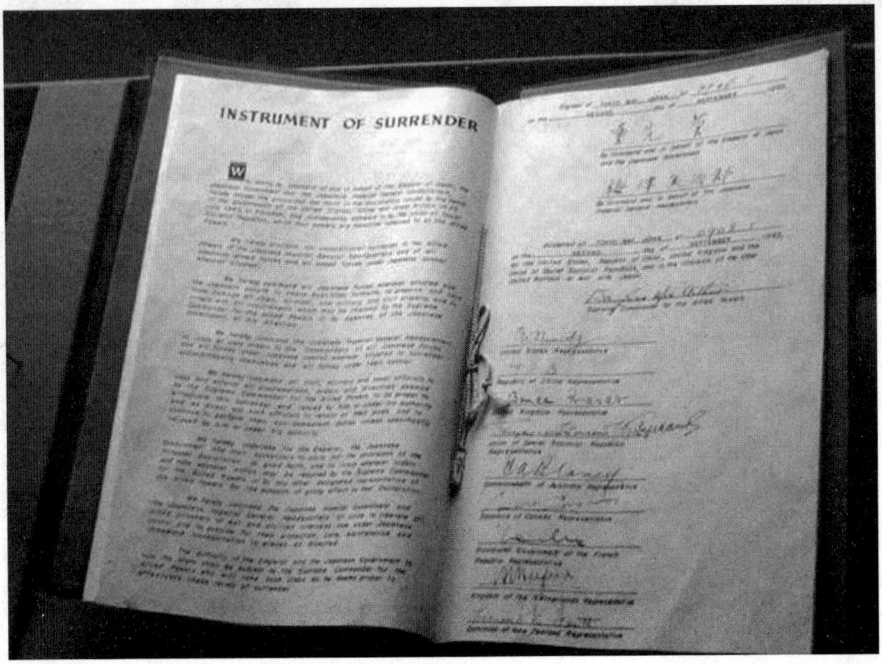

日本投降书

未必对我们有利”，而且“敌人已经开始使用一种新的、残酷的炸弹，这种炸弹的力量确实是无法估计的”。日本接受波茨坦会议的要求，因为“继续战斗下去……不仅将导致日本民族的最终崩溃和灭亡，也将导致人类文明的灭绝”。最后，他向“同帝国要解放东亚的愿望始终进行合作的那些东南亚的盟国深表歉意”。

美国总统杜鲁门

在天皇的演说中只字未提“投降”。对日本民族来说，再没有比在失败的时刻更需要保住面子了。在日本的人民以及还在太平洋岛屿和亚洲大陆守卫着一个正在崩溃的帝国的防线的士兵，都流下了痛苦的怀疑的眼泪。一大群人挤在皇宫前。人们流露出对民族的忧虑，他们几乎没有注意那些激愤的陆军军官，这些军官宁可自杀也不愿忍受2500多年以来祖国第一次蒙受的军事失败的耻辱。

“密苏里”号上的受降仪式

1945年8月15日是英军和美军欢乐的庆祝日。那天早晨刚过6时，当哈尔西海军中将接到简洁的“空袭暂停”信号时，大声欢呼。强大的第

得到日本投降的消息后，欢天喜地的美国黑人水兵

三舰队停泊在日本海岸附近，战舰“密苏里”号鸣汽笛一分钟庆祝胜利，当战列舰的主桅上亮出“干得好”的旗子时，各舰只都挂出同样的旗子。哈尔西召回刚从他的航空母舰出发去进行空袭的飞机。他继续在高空进行严谨的空中巡逻，发出的命令是“调查并击落一切侦察机——不要以报复的态度，要以友好的方式”。这典型地说明他对日本人的不信任。

在南方的大部队皇家海军特遣部队，接到罗林斯海军上将从“国王乔治五世”号战舰上打过来的旗语——对日停止敌对行动，欢呼的水手们立刻挤满了舰只的上层，抛掷钢盔。可惜高兴得太早了，只过了几个小时就有人后悔了，因为一架日本轰炸机突然飞来并在航空母舰“怨仇”号旁边投下差一点儿命中的炸弹。战斗机把这架飞机击落，然后又看到雷达上有飞机的影子，看得出来是神风突击队的飞机。这些驾驶员如同那天下午做

飞过“密苏里”号上空的 B-29“超级堡垒”重型轰炸机

了自杀飞行的宇垣缠海军大将那样，忠实地服从天皇的停止敌对行动的命令。吃惊的舰队高射炮手手指头一直不离开扳机，看着这些日本飞机在上空盘旋，然后坠入大海。

那天上午，尼米兹在他的关岛总部接到金海军上将简要的信号，命令结束敌对行动，当他的一些部下高兴得跳起来的时候，他只不过愉快地微笑了一下。还有一事也表现了这位曾经是太平洋胜利的主要缔造者之一的、不愿出头的海军上将的个性：那天下午他在发出的祝贺信号中，提醒他手下的士兵：既然战争已经结束，“再以侮辱的词句辱骂日本民族和日本人，就不符合美国海军军官的身份了”。

尼米兹的伟大任务几乎已经结束，而麦克阿瑟将军的却刚刚开始。杜

麦克阿瑟宣读日本投降书条文，后面挂着的那面美国国旗是佩里舰队曾经悬挂过的那面 36 颗星的国旗。在其身后是盟国的代表们。

巨大的舰炮和空中的舰载飞机

鲁门总统通知他说:"根据美国、大不列颠联合王国和苏维埃社会主义共和国政府之间的协定,你被指派为同盟国的最高联合司令。"这是自战争爆发以来麦克阿瑟一直在期望、争取、谋求的职位,因此当他读到他的任务是"要求并接受日本天皇、日本政府以及日本帝国统帅部的正式官方代表们签署的投降文件"时,他并非不知道情况的嘲讽意味。终于指挥了历史上战斗力量的最大集合体的麦克阿瑟以凯旋的姿态答复白宫说:"整个东半球为战争的结束而表现出无法形容的激动和兴奋。"

那天上午的总统记者招待会引起美国全国的庆祝浪潮,纽约的时代广场上立刻拥满着欢呼的人群。全国一再举行狂热的庆祝。狂欢通宵达旦,警察接到严格命令,只准在全国性的狂欢超过控制时才能加以干涉。

8月19日,日本军事领袖们任命的16名代表乘两架飞机前往马尼拉,遵照麦克阿瑟的命令,在机翼和机尾上画上绿色十字的标记。他们到那里去根据《波茨坦宣言》准备帝国投降书的措辞。美军占领的第一阶段的重点,是对一切同盟国俘虏给以人道的待遇。"空中堡垒"又被派上天,但这次的任务不是去轰炸,而是向在泰国和华北的日本战俘营空投食品和药品。

★"密苏里"号上的日本投降仪式

1945年9月2日上午,天气阴沉沉的,驱逐舰把盟国的将军们运送到"密苏里"号上。同行的有世界各国的新闻代表,包括日本的新闻代表,自从海军准将佩里到达这里把西方的门户向日本打开以来,正好是一个世纪差8年。哈尔西有着很好的历史感,他做了安排,使1853年佩里旗舰上悬挂的那面星条旗从海军学院博物馆里空运到日本。现在这面旗帜醒目地展示在后面甲板上铺着台面呢的桌子上方的舱壁上,正式投降书将在这张桌子上签署。旗舰的高处挤满了水手,而下面的甲板上,9个同盟国的制服整齐的海、陆军代表在争占有利位置，都想使自己在这一历史大事件的照片中占一个地位。

日本代表乘坐的驱逐舰停在一个客气的距离之外，等待最高司令的人员乘坐的舰只靠近大战舰，当麦克阿瑟在奏乐声中上船时他注意到，“密苏里”号的主桅上出现不寻常的现象，将军的红旗同尼米兹海军上将

1945 年 8 月 14 日，在得到日本投降的消息后，在纽约时代广场上，一名美国水兵情不自禁地拥吻一位路过的护士

美国总统杜鲁门（左）和陆军五星上将麦克阿瑟

的蓝旗并排飘扬——说明他们在太平洋司令部的级别是相同的。

对于坐船来的日本人没有致敬礼，因为他们是求和的战败敌人，梅津美治郎将军代表帝国统帅部，脆弱可怜的重光葵将代表日本政府签字。甚至登上陡峭的楼梯，也成为这位外务大臣面临的艰难考验，因为多年以前在遭到暗杀时他失去了一条腿。靠着一根手杖他踽踽踏踏地走到他的位置上，在一片军人制服的汪洋中，他戴着丝绒礼帽，穿着大礼服，他是战败的日本老百姓的可怜的象征。

当盟国的领袖们就座时，乐队奏起美国国歌。牧师祈祷完后，麦克阿瑟站在一排麦克风前，老练地发表了一篇简短而有说服力的演说，最后他说：“我最热诚的希望，其实也是全人类的希望，就是在这次庄严的仪式以后，将从过去的流血、屠杀中出现一个更好的世界——一个献身于维护人类尊严的世界，一个致力于实现人类最迫切希望的自由、宽容和正义的世界。”

“这个窄小的后甲板这时候成了和平的祭坛。”这是日本代表团的一位成员在回忆当时的情景时说的。当时日本代表被招呼过去在投降书上签字。然后，最高司令一个字母一个字母地签字，签完把钢笔递给温赖特将军、珀西瓦尔将军以及其手下的其他成员。尼米兹海军上将代表美国签字。他签字以后，接着签字的有中国的徐永昌将军、英国代表布鲁斯·弗雷泽海军上将、苏联代表库兹马·杰列扬科中将、澳大利亚代表托马斯·布拉米将军，然后是加拿大、法国、荷兰和新西兰的代表。

“让我们祈祷，现在世界恢复和平了，上帝将永远维护和平。”麦克阿瑟吟咏道，然后宣布，“现在仪式结束。”但是麦克阿瑟表演的完美时机几乎被破坏了，因为正要离开的日本代表发现文件上有错误。加拿大代表以及随后的代表们的签字都签错了地方，萨瑟兰将军不得不赶紧纠正错误。

日本的代表们现在已经不是敌人了，他们受到礼遇并被送出后甲板，尼米兹为了表明日本代表们的新身份，命令日本代表所乘的驱逐舰以咖啡和香烟招待他们。同盟国的司令官们可以去喝咖啡，吃炸面饼圈——因为美国海军是禁酒的，不可能饮香槟酒。

不管怎样说，这总是不怎么恰当的，因为麦克阿瑟将军已经向全世界的无线电联播宣称：“今天枪声不响了，一场大悲剧结束了。”

在仪式将近结束时，1900架同盟国的飞机轰隆隆地飞越“密苏里”号，太阳从云层中冒了出来，世界终于结束了一场最大的灾难。

8 月 14 日（美国时间）杜鲁门总统宣布日本投降的消息

尼米兹将军和麦克阿瑟将军，他们将分别代表美国和盟国签字

日本广岛废墟上的一对母子，母亲目光迷茫，孩子惊魂未定

投向长崎的“胖子”原子弹

尼米兹将军代表美国在停战协议上签字